Java y C++

Paso a paso

Java y C++

Paso a paso

Borja Vázquez Cuesta

La ley prohíbe
fotocopiar este libro

Editado por:
RA-MA Editorial
Madrid, España

Colección American Book Group - Informática y Computación - Volumen 7.
ISBN No. 978-168-165-705-9
Biblioteca del Congreso de los Estados Unidos de América: Número de control 2019935025
www.americanbookgroup.com/publishing.php

Maquetación: Antonio García Tomé
Diseño de portada: Antonio García Tomé
Arte: Slidesgo / Freepik

Para todas aquellas personas que quieren
empezar en este pequeño gran mundo.

Borja Vázquez

ÍNDICE

1

PROGRAMACIÓN BÁSICA

¿A quién va dirigida esta guía?

Esta guía va dirigida a todas las personas que quieren adentrarse en el mundo de la programación. Tanto si ya tienes conocimientos básicos sobre algún lenguaje en concreto, como si has intentado leer algunos libros sobre el tema y ha sido imposible ya que parece que necesitas saber bastante sobre la materia, aunque en el titulo ponga que es para principiantes. Esta guía también puede servirte como repaso de lo básico y alguna parte avanzada de los lenguajes de programación en general.

¿Qué conocimientos o requerimientos necesito para poder seguir esta guía?

La respuesta a esta pregunta es rápida y muy clara, no necesitas tener **NINGÚN** conocimiento previo sobre lo que es un lenguaje de programación o como programar, ya que empezaremos desde lo más básico tratando de dar varios ejemplos de cada parte del temario lo más sencillos y entendibles. Es cierto que no hacen falta conocimientos previos, pero si son necesarios dos requerimientos, y es un ordenador donde poder practicar lo aprendido (junto con un programa editor de texto) y decantarse por un lenguaje de programación. En esta guía expondré los ejemplos tanto en C/C++ como en java, ya que son los lenguajes de programación más extendidos.

¿Qué aprenderemos en esta guía?

Desde lo más básico de un lenguaje de programación hasta poder escribir programas que nos puedan pedir en primero de carrera de ingeniería informática (no os asustéis), pasando por los tipos de variables que se usan en los lenguajes de programación, sus bucles, funciones Todo de forma detenida, detallada y con ejemplos teóricos y prácticos en código que podéis copiar en vuestras casas para comprobar que funciona.

IDES recomendados

Lo primero que podréis pensar al leer este título es que qué es eso de un IDE(s). Bueno en realidad es algo tan sencillo como un entorno de desarrollo, es decir, es un programa que nos permite escribir nuestro código, compilarlo y ejecutar los programas que escribamos. Si no sabéis que significa compilar no os preocupéis ya que se explicará más adelante.

Hay una grandísima cantidad de IDES, desde simples editores de texto que solo nos sirven para escribir el código (no lo compilan) como puede ser un programa tan sencillo como BLOC DE NOTAS, o SUBLIME TEXT, hasta programas más complejos que nos permiten no solo escribir nuestro código si no que con un simple clic en el botón adecuado nos compilan el código y nos indican si tenemos errores, e incluso algunos nos indican dónde está dicho error. Los simples editores de texto no te indican donde está el error por lo que para nuestra comodidad usaremos los más avanzados. Para el lenguaje C/C++ usaremos CodeBlocks y para el lenguaje Java usaremos Eclipse. Eclipse es un IDE algo más complejo, pero os indicaré cómo usarlo e instalarlo para que no tengáis ningún problema.

Instalando los IDES

Lo primero es que no tenéis por qué descargar ambos IDES o aprenderos el código tanto en C como en Java, podéis elegir solo uno de los lenguajes o si veis que lo entendéis podéis aprender los dos lenguajes.

▶ **C/C++**

Lo primero es ir a la página para descargar CodeBlocks, que es esta: *www.codeblocks.org/downloads*, y de las opciones que hay debéis hacer clic en downloadthebinaryrelease.

La instalación es muy sencilla, es como la de cualquier programa.

▶ **Eclipse**

La página de descarga de Eclipse es la siguiente *https://eclipse.org/downloads*, una vez ahí debéis darle a *Download 64 bit* si vuestro sistema es de 64 bit o buscar la de 32 si vuestro sistema es de 32 bit (para saber de qué tipo es vuestro sistema Inicio Sistema → Tipo de Sistema Operativo). Volvéis a darle a *Download* y se os descargará el instalador. Puede que en Eclipse varíe un poco la forma de descargarlo ya que lo actualizan, pero por lo general es siempre igual. Si no os aparece *download* directamente y os aparecen varias opciones de descarga de diferentes modelos de Eclipse, escoged *Eclipse IDE for Java EE Developers*.

Pero para que nos funcione correctamente hay que hacer más pasos. Ahora vamos a la siguiente página ya que hay más cosas que descargar *www.oracle.com/technetwork/java/javase/downloads/index.html*   aquí hacemos clic donde dice *JDK*. El JDK es el *Java Development Kit* y es lo que nos va a permitir desarrollar nuestros programas en Java. Aceptamos las condiciones en la última versión y descargamos el adecuado a nuestro sistema operativo y a la versión de nuestro sistema operativo.

Una vez descargados ambos instalamos el JDK y Eclipse y ya estaría listo para usar. Recordad la ruta de instalación del JDK ya que Eclipse la pedirá.

1.1 UN POCO DE HISTORIA

Lo primero es entender qué es un lenguaje de programación, y es algo tan sencillo como lo que nos permite comunicarnos con los ordenadores, los móviles, los robots…

Los seres humanos, como ya sabéis, no podemos comunicarnos con el ordenador con nuestro lenguaje madre, no puedes coger tu ordenador y decirle: "¿Cuánto es 2+2?", bueno en realidad sí que puedes decírselo, pero desgraciadamente no vas a obtener respuesta alguna, por eso mismo se desarrollaron los lenguajes de programación, para que podamos comunicarnos con ellos y que el ordenador entienda nuestra orden de que nos sume 2 + 2.

Pero los lenguajes de programación no siempre han sido tan bonitos y "entendibles" como lo son hoy en día, en su momento el primero lenguaje de programación que se creo fue el código binario. Como su propio nombre indica se compone de dos elementos, el 0 y el 1. Cada uno de estos dos elementos indican un tipo de voltaje que aplicar a la máquina con la que nos comunicamos, el 0 indica 0 carga y el 1 indica un tipo de carga, que puede ser variable dependiendo de la máquina. También se puede entender el 0 y el 1 como 0 = falso y 1 = verdadero.

Como he dicho, el binario fue la primera forma de comunicarnos con las máquinas, pero era una forma muy larga a la hora de escribir los comandos, por lo que se trató de simplificar creando así un lenguaje de más alto nivel que el binario. Poco a poco los lenguajes han ido siendo cada vez de mayor nivel, es decir, cada vez se parecen más a nuestro lenguaje, de ahí que sean de alto nivel ya que para nosotros el binario no son más que 1 y 0 y no tienen sentido en nuestra forma de hablar, por lo que son de bajo nivel.

Uno de los lenguajes que más se acerca al lenguaje binario y que fue de los primeros en crearse después de éste fue el lenguaje Ensamblador. Hoy en día se usan más otros, pero desde luego es el que más se acerca al lenguaje máquina y el que de manera más fácil nos permitiría controlar los elementos de la máquina, aunque hoy día hay varios lenguajes que también nos lo permiten y son de más alto nivel.

Hay muchísimos lenguajes de programación, podría escribir una página entera solo con los nombres de algunos y todavía necesitaría más hojas para poder nombrar todos, pero si sabéis algo del tema os pueden sonar nombres como Python, Ruby, HTML, CSS, PHP, Pascal, Basic, C# y, por supuesto, Java y C/C++ que son con los que vamos a trabajar.

1.2 COMENCEMOS CON LO MÁS BÁSICO

1.2.1 Uso de los IDES

Lo más básico y que primero debemos aprender es a usar nuestros IDES, una vez tengamos las nociones básicas de cómo crear un proyecto, compilar y ejecutar nuestro código, entonces empezaremos a aprender a programar.

1.2.1.1 CODEBLOCKS

Nada más iniciar CodeBlocks nos aparecerá una ventana a la que debemos dar a aceptar y debajo de esa ventana os encontraréis algo como esto.

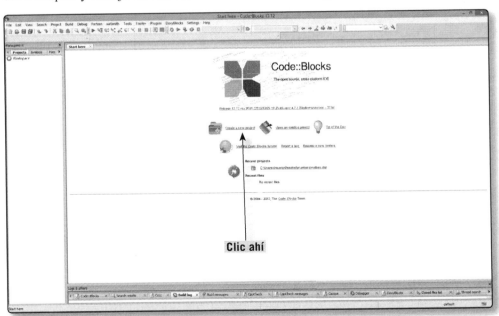

Si no habéis visto nunca un IDE igual os sentís un poco perdidos, no os preocupéis, es más sencillo de lo que parece. Como veis en la imagen, debéis darle a Create New Project. Los IDES por lo general están siempre en inglés y no en todos se puede cambiar el idioma por lo que es bastante aconsejable entender inglés. Una vez pulséis en **Create** os aparecerá una ventana como ésta.

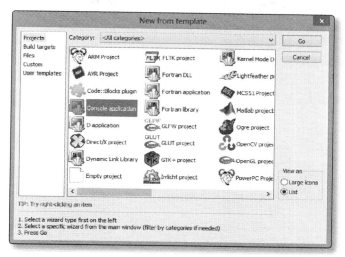

En ella debéis pulsar en **ConsoleApplication** y acto seguido os aparecerá otra ventana, pulsáis **Next**, seleccionáis C++, **Next** y le dais un nombre a vuestro proyecto en la primera casilla en blanco y la ruta donde queréis que se guarde el proyecto en **Folder to create project in**, **Next** y **Finish**. Una vez acabéis eso os aparecerá esto.

No os preocupéis si donde yo tengo letra os sale en gris, id a la parte izquierda, pulsáis el + en **Source** y os aparecerá un archivo llamado **Main**, doble clic y os aparece lo que a mí. Donde pone en mi caso **sdfg** (encima de source) es el nombre que le he dado al proyecto, así que el vuestro pondrá el nombre de vuestro proyecto. Con esto hemos completado cómo crear un proyecto en CodeBlocks. Análogamente vamos a hacer lo mismo con Eclipse.

1.2.1.2 ECLIPSE

Con Eclipse podemos tener algo más de dificultad ya que el IDE cambia algunas cosas dependiendo de su versión (yo tengo Eclipse Neon) pero, aunque cambie un poco la idea es similar. Por lo general nada más iniciarlo os aparecerá una pequeña ventana que os preguntará dónde queréis guardar el Workspace. El Workspace no es más que la carpeta donde almacenar los proyectos, por lo que es buena idea alojarla en algún sitio del ordenador que recordéis para poder acceder a ella. Una vez hecho eso, en Eclipse Neon, y de manera similar en otras versiones, os aparecerá algo así.

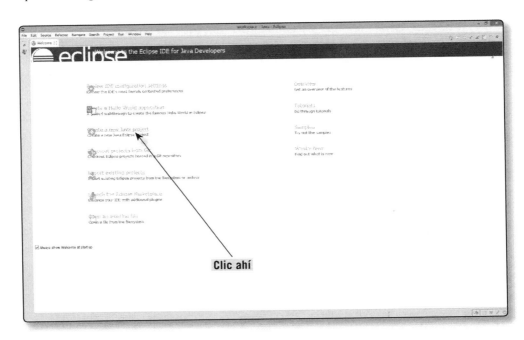

Hacemos clic en **Create a new Project**. Le damos un nombre y hacemos clic en **Finish**. Os aparecerá una ventana como la que os mostraré en breve. Una vez la veáis, estará toda en blanco en el centro y a la izquierda veréis una carpeta con una flecha con el nombre que le habéis dado a vuestro proyecto. Haced clic sobre la flecha y se os expandirá hacia abajo. Veréis que hay una carpeta llamada src, ahí es donde vamos a guardar nuestro código. Haced clic derecho sobre **src**, **New**, **Package**. Le dais el nombre que queráis y **Finish**. Veréis que se os ha creado un nuevo icono como blanquecino, pues nuevamente en ese icono, clic derecho, **New**, **Class**. Le dais el nombre que queráis y aquí hay que marcar una casilla, donde pone **public static void main(String[] args)**, la marcáis y **Finish**.

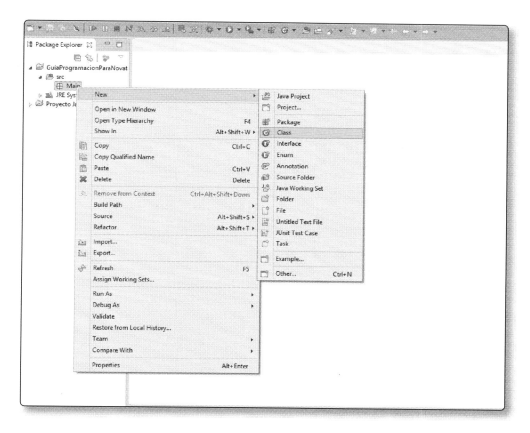

Una vez todo hecho os quedará esta imagen de aquí abajo, con las diferencias de que vuestro proyecto, *package* y *class* pueden llamarse diferente aparte de que el color donde aparece el código será distinto, el fondo será blanco.

Como algo adicional, si os gusta en otro color, debéis ir a Window →
Preferences →General →Appearance →Color Theme. Uno que me gusta es Wombat,
pero podéis trastear con los diferentes temas.

1.2.2 Elegir un lenguaje para programar

Puede que os hayáis preguntado llegados a este momento el porqué de que
haya elegido tanto C/C++ como Java para dar los ejemplos y explicaciones o por
qué no he elegido solo uno de los dos lenguajes. La respuesta a ambas preguntas
es porque estos dos lenguajes son los más populares y usados hoy en día y eso los
hace los más atractivos a la hora de aprenderlos y usarlos como primeros lenguajes,
aunque claro está que podéis empezar con el lenguaje que vosotros queráis.

La ventaja que tendréis con estos dos lenguajes es que básicamente cualquier
duda que os surja, o la resolvéis leyendo alguna guía de programación del lenguaje
en cuestión, o la encontráis en internet (que es lo más usual). A la hora de buscar
información es tan sencillo como poner la duda que tengáis seguido del nombre de
lenguaje y os saldrán varios *links*, aunque otra opción es entrar en la página de la **API**
del lenguaje en cuestión. La **API** (*Application Programming Interface*) es la página
donde podemos encontrar toda la información referente al lenguaje de programación
que usamos.

Habiendo explicado esto, vamos con el título del apartado, cómo elegir un
lenguaje de programación. La respuesta no es fácil, ya que hay una cantidad ingente
de lenguajes y cada uno es útil en determinadas situaciones. Como ya os he dicho
anteriormente, yo recomiendo empezar por C/C++ o por Java (recomiendo más Java,
puede que en parte porque es mi lenguaje favorito), pero podéis experimentar y
probar con varios lenguajes hasta que encontréis uno con el que os sintáis cómodos
y que os guste. Por esto que acabo de decir, la pregunta de "¿Con qué lenguaje
empiezo?" me parece que no tiene nunca una respuesta definitiva ni única, buscad
lenguajes, informaos de en qué casos se usa y si os gusta y es útil para vuestras
necesidades, pues adelante con ese lenguaje.

Dicho ya todo esto vamos a entrar ya en materia desde lo más básico para que lo entendáis todo lo mejor posible.

1.3 LAS VARIABLES

Dentro de cada lenguaje de programación tenemos muchas partes que son esenciales y muy básicas para poder hacer hasta el más simple de los programas informáticos, pero la más simple de todas y a su vez una de las más importantes, son las variables.

A la hora de programar es muy útil tener conocimientos de matemáticas ya que todos los problemas o casi todos se resuelven con lógica matemática. Claro está que no hace falta tener conocimientos muy avanzados ni entender algo como esto.

$$(2y-4)dy = (3x^2 + 4x - 4)dx$$
$$\int (2y-4)dy = \int (3x^2 + 4x - 4)dx$$
$$y^2 - 4y = x^3 + 2x^2 - 4x + c$$

Pero desde luego sí que son necesarios conocimientos básicos de matemáticas, sobre todo de ecuaciones ya que muchas de las soluciones a estos problemas que he nombrado, se resuelven con ecuaciones de mayor o menos complejidad. Por supuesto empezaremos desde los ejercicios más sencillos hasta algunos más avanzados.

Cuando nosotros definimos una variable en una ecuación matemática, la llamamos por ejemplo x, y a x le realizamos una serie de cambios mediante operaciones. Estas operaciones pueden ser simples o complejas. Un ejemplo podría ser cambiar su valor mediante una suma, es decir, podemos hacer que el valor de **x = 8**. Las operaciones que hemos podido realizar son múltiples, por ejemplo, **x = 5 + 3**, $x = 2 * 4$… Pues con las variables a la hora de programar es lo mismo, son elementos de nuestra ecuación.

A diferencia de en matemáticas que, como ya sabemos, se opera con números y letras que finalmente adquieren un valor numérico, en programación hay diferentes tipos de variables y es esto lo que lo hace tan interesante y nos da tantas opciones. Los tipos más básicos y que veremos uno a uno son:

▸ números enteros y decimales
▸ caracteres
▸ variables booleanas

1.3.1 Números enteros y decimales

Estas variables se definen cuando queremos trabajar con números, como bien os habréis podido imaginar, pero dentro de que sean números, dependiendo del tipo de número que represente ha de ser definido como un tipo de variable u otra.

Si tenemos un número entero, entonces lo definiremos como eso mismo, y en programación ese tipo de variable se llama **int.**

Si tenemos un número decimal, entonces la palabra clave para definir estos números es **float**, y esto es debido a que llevan la como flotante (8'25), de ahí el **float**.

Y ya si queremos definir un número muy grande (con más de 8 o 9 cifras), con un simple **int** podríamos tener problemas de memoria, por lo que usaremos la variable de tipo **long** o **double**. **Double** también admite decimales y la diferencia con **float** es que **double** tiene el doble de precisión.

Vamos a ver en código, tanto en C/C++ como en Java cómo se escribe esto.

1.3.1.1 C/C++

Nada más abrir el proyecto que creamos anteriormente, nos aparecerá algo ya escrito, explicaremos con detenimiento eso más adelante, ahora mismo lo único que debéis saber es que el código que escribamos debe ir dentro de **void main()** **{}**, dentro de las llaves y antes del **return 0**. Dentro veréis que hay una frase "**cout << "Hello world!" << endl;**", su función es muy sencilla, sirve para escribir por la consola (os lo especificaré todo en la imagen a continuación).

La consola es lo que vamos a estar usando durante todo el libro y la mayor amiga del programador ya que es la forma más fácil de comprobar si las cosas que vamos escribiendo funcionan.

Una vez dicho esto vamos a lo que nos interesa. Para declarar (declarar en el lenguaje de programación es similar a decir "crear") una variable del tipo **int** debemos seguir este esquema: **int + el nombre que nosotros queramos darle a la variable + ;** Un ejemplo podría ser **int x;** o **int miNumeroEntero;**

Llegados a este punto probablemente os hayáis dado cuenta de dos cosas, una es que acaba en **;**, lo cual a simple vista no tiene mucho sentido, la otra es que en los nombres de las variables no empiezo con mayúscula en la primera palabra, pero sí en las siguientes. Vamos a responder primero a la segunda cuestión.

El no empezar con mayúscula la primera palabra, pero si las demás es por simple convención, es así como la mayoría de la gente lo hace ya que hay ciertos caracteres que no podemos poner en los nombres de las variables.

▶ **int miNumeroEntero , int mi_Numero_Entero** ES CORRECTO

▶ **int mi Numero Entero, int Mi,NumeroEntero , int miNuemero.entero**
NO ES CORRECTO, no podemos poner ni puntos, ni comas, ni espacios en los nombres de las variables ya que cada uno de ellos tiene una función que veremos más adelante y que crea conflictos al darlos como nombres.

Del mismo modo que hemos declarado las variables **int x** e **int miNumeroEntero**, para declarar los **float** y los **double** hay que hacer exactamente lo mismo, y realmente es así para cualquier tipo de variable, es decir, el esquema general sería:

Tipo de variable + nombre de la variable + ;

Vamos a declarar, por ejemplo, las variables **float miDecimal** y **double miNumeroGrande**. Todo lo explicado hasta ahora mismo quedaría así.

En la imagen tenéis como os debería quedar el código tras borrar la línea que dice "hello world", y a excepción de lo que pone en la consola.

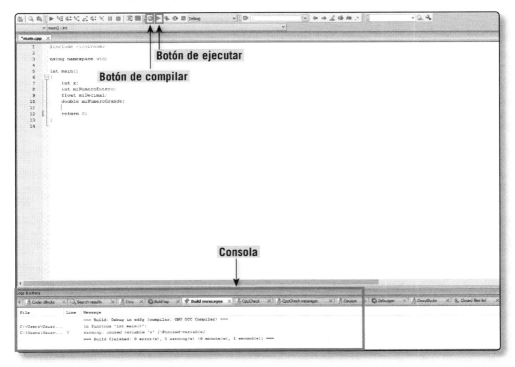

Os he marcado en la imagen dos botones, el de **compilar** y el de **ejecutar**. El botón de compilar sirve para comprobar que todo el código está correctamente escrito y que el ordenador lo podrá entender (aunque eso no significa que el código vaya a hacer siempre lo que queremos a la primera). El botón de ejecutar es el que nos pone el programa en funcionamiento, y hay que darle después de haber compilado. También hay que compilar cada vez que realicemos un cambio en el código para que éste se "actualice", ya que, si no compilamos, por muchos cambios que hayamos hecho, el ordenador cargará el programa que compilamos por última vez, es decir, el programa que hemos modificado, pero sin modificar.

Si ahora teniendo el código que os muestro en la imagen, le dais a compilar y seguidamente a ejecutar, os aparecerá por consola que se ha ejecutado y compilado correctamente. Además de alguna frase en azul, pero no las tengáis en cuenta, no son importantes ahora mismo.

Dándole al botón de ejecutar, lo que hemos hecho es guardar las variables que hemos declarado en memoria para que nuestro programa las pueda usar cuando las necesite.

Una vez declaradas, si no les asignamos un valor, en C/C++ es un problema grave ya que van a coger un número totalmente aleatorio y eso es lo último que queremos, por lo tanto, vamos a aprender a darles valores. Vamos a hacerlo de dos maneras, la primera solo con números enteros y la segunda vamos a darle un valor a una variable no solo mediante números enteros si no mediante otra variable también, ya veréis que es muy sencillo de entender.

Así como en los problemas de matemáticas cuando recogemos los datos decimos, por ejemplo, hay 75 tornillos, esto quiere decir, la variable **tornillos = 75**, y como 75 es un número entero, ¿Cómo lo declararíamos? Pues muy sencillo, **int tornillos = 75;** Con esta simple línea ya tendríamos la variable inicializada (con un valor inicial asignado) y ya no tendremos ese molesto problema de que coja un número aleatorio por no haberla inicializado. Pero ésta no es la única forma de darle el valor 75 a la variable tornillos. Podemos cambiar el valor de una variable en el momento que necesitemos. Para que lo entendamos con el ejemplo anterior, si en la ferretería donde tenemos tornillos, al abrir por la mañana vamos a comprobar cuantos hay y vemos que ¡no nos queda ninguno! En ese momento tenemos **int tornillos = 0;** pero sabemos que en un rato viene un cargamento de material donde hay una caja de 75 tornillos. La caja ha llegado, es decir, ya no tenemos 0 tornillos ¡Hay que actualizar el valor de tornillos! Y de hecho es muy fácil, solo tendríamos que escribir **tornillos = 75;** y ya lo tendríamos. Es tan simple como eso, y de esta manera podemos cambiar su valor las veces que queramos. También podemos darle el valor de otra variable y sería muy similar. Imaginemos que tenemos otra variable que es **int tuercas;** En este caso no la he inicializado, pero no pasa nada porque seguidamente ya le voy a dar un valor y es que de casualidad tenemos la misma cantidad de tornillos y tuercas, por tanto, **tuercas = tornillos;** Y qué quiere decir esto, pues que el valor que tiene tornillos, en este caso 75 va a ser el nuevo valor de tuercas.

De igual manera se le da un valor a los **long** y **double,** aunque con los **float** hay que tener más cuidado ya que para poner los números decimales no se usa la ",", si no el "." Y además es conveniente poner al final siempre la "f", **float miDecimal = 3.75f;**

Como os he dicho antes, lo que venía ya por defecto en el código sirve para escribir por consola o pantalla, copiad el siguiente código de la foto, compilad y ejecutadlo para que veáis cómo funciona la consola.

La consola es esa ventana pequeña que os aparece, donde se escriben los valores de cada variable. No voy a explicar ahora mismo como funciona eso de **cout<< <<endl;** ya que lo veremos más adelante, quedaos con que lo que pongamos entre << << es lo que se escribe por pantalla, en este caso el valor de cada una de nuestras variables.

Ahora, pueden ir mal dos cosas aquí, que no os aparezca la pantalla negra, esto puede ser por culpa del antivirus, lo desactiváis y listo. Otro problema puede ser que no os compile ya que podéis haber cometido un error, revisad bien como está el código del ejemplo ya que si habéis escrito algo mal puede no compilar o mucho cuidado con los ; ya que son muy olvidadizos y culpables de muchos errores muy tontos. Una vez ya visto todo esto vamos a ver como lo haríamos en Java.

1.3.1.2 JAVA

Lo primero antes de explicar cómo se escriben las variables en Java, es deciros que si por alguna razón habéis decidido que no queréis aprender C/C++ y os decantáis solo por las explicaciones y ejemplos para Java, debéis leer lo anterior para C/C++, ya que he explicado cosas muy importantes que no voy a reescribir aquí, por muchos lectores que no querrán releerlo. Dicho esto, vamos allá.

Lo primero que debemos hacer es abrir el proyecto que creamos al instalar Eclipse, en mi caso se llamaba GuiaPorgramacionDesdeCero, y si recordáis, para llegar al archivo donde escribiremos el código era Nombre de nuestro proyecto → src → paquete → clase, donde el paquete y la clase tienen el nombre que les hayáis dado. Por comodidad y facilidad podéis darle los mismos nombres que yo.

Ya nada más abrir el IDE podemos encontrar unas cuantas diferencias entre los proyectos de C/C++ y los de Java. En C/C++ sí que teníamos una carpeta con nuestro proyecto y el nombre que le diésemos, pero nada de src, paquetes y clases. Eso es porque la forma de organización de Java y C/C++ es diferente, al igual que la forma de compilarse y ejecutarse.

Vemos que al igual que en C/C++ tenemos un Main, pero no es lo mismo. En C/C++ teníamos un **void Main()** y aquí vemos que tenemos **public class Main()** {}, aunque realmente no tiene que poner Main, ya que dependerá del nombre que le hayáis dado a la clase. Más adelante explicaremos qué es eso de **class** y eso de **public**. También vemos que tenemos una línea en la que pone **public static void main(String[] args)**{}, realmente y para entenderlo ahora, es lo mismo que en nuestro proyecto de C/C++, **void Main()**{}. Todo el código que queramos que se ejecute de forma directa o indirecta debe estar reflejado ahí dentro.

Probad a escribir ahora las mismas variables que escribimos en CodeBlocks. Ocurren cosas que no ocurrían en CodeBlocks, ¿Verdad? Esto es porque Eclipse es mucho más avanzado que CodeBlocks. Esas rayas que salen mientras escribís que aparecen de diferentes maneras son errores y advertencias. Los errores en rojo y las advertencias en amarillo. En la siguiente imagen os lo mostraré, además de cómo compilar y ejecutar en este IDE ya que se hace con un solo botón.

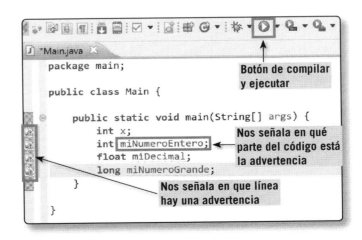

En el caso de que nos aparezca código con la raya roja y una X a la izquierda

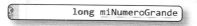

es que tenemos un error y debemos corregirlo.

Pregunta: ¿Por qué tenemos el error? Si no sabes la respuesta mira la imagen anterior y recuerda, cada vez que declaremos una variable o queramos hacer cualquier cambio, al final debe acabar en ; para que el IDE sepa que ahí acaban las instrucciones.

Si ahora le damos al botón de compilar y ejecutar, no nos dará ningún error, aunque si lo recordáis, es buena idea inicializar las variables. En este caso no vamos a hacerlo de momento. Pulsamos el botón de compilar y ejecutar y no ocurrirá nada. Si os aparece una pequeña ventana dadle a aceptar.

Vamos a hacer como en C/C++ y vamos a asignarles un valor a cada variable y después vamos a escribirlo por pantalla. Veremos tres diferencias entre los lenguajes y los IDE.

La primera de esas diferencias es cómo escribir por pantalla, ya que la forma de C/C++ no nos sirve aquí. La orden para escribir en Java es **System.ou.println();** y lo que queramos escribir lo pondremos entre los paréntesis. Vamos a darle unos valores a nuestras variables después de haberlas inicializado. Yo he escogido los valores de la imagen, pero escoged los que queráis.

```java
package main;

public class Main {

    public static void main(String[] args) {
        int x;
        int miNumeroEntero;
        float miDecimal;
        long miNumeroGrande;

        x = 34;
        miNumeroEntero = -2;
        miDecimal = 3.45f;
        miNumeroGrande = 1234567890;
    }

}
```

Como podéis ver, las advertencias siguen ahí. Si queréis ver por qué os aparecen, tenéis que poner el ratón sobre la parte del código en amarillo y os saldrá algo como lo de la imagen de abajo.

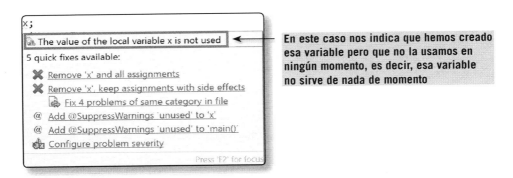

Podéis hacer exactamente lo mismo si os aparece un error, ponéis el ratón encima y os dirá de qué trata el error. Vamos ahora a escribir por pantalla, pero antes vamos a eliminar la línea en la que le damos un valor a **miNumeroGrande**. Quedaría como en la imagen a continuación.

```java
public class Main {

    public static void main(String[] args) {
        int x;
        int miNumeroEntero;
        float miDecimal;
        long miNumeroGrande;

        x = 34;
        miNumeroEntero = -2;
        miDecimal = 3.45f;

        System.out.println(x);
        System.out.println(miNumeroEntero);
        System.out.println(miDecimal);
        System.out.println(miNumeroGrande);
    }

}
```

Lo escribimos y vemos que algo va mal, ya que nos sale un error y no podemos ejecutar el código. ¿Qué es lo que está ocurriendo? En C/C++ esto se podría hacer sin problemas ya que el lenguaje lo permite, pero Java es algo más listo y nos previene de esta clase de errores. Si ponemos el ratón sobre el error en el código, nos dice que puede que la variable **miNumeroEntero** no haya sido inicializada y por tanto no nos deja realizar ninguna clase de acción con ella. Esta es la segunda diferencia con C/C++, hay cosas que Java intenta evitar para que no haya errores. Si queremos que funcione el código solo debemos darle un valor a **miNumeroDecimal** y el error desaparecerá.

Hacedlo y dadle a ejecutar. Pero ¿Dónde está la ventana que nos aparecía en Code Blocks? Bueno, digamos que en Java viene integrada con el IDE y está en la parte de abajo, si ejecutáis veréis donde.

```
Console ⋈     Problems  @ Javadoc  Declaration  Progress  Gradle Tasks
<terminated> Main (1) [Java Application] E:\JavaAndroid\Java\jre1.8.0_131\bin\javaw.exe (27 sept. 2017 19:11:41)
34
-2
3.45
1234567890
```

Esta es la tercera diferencia con CodeBlocks y C/C++, lo que escribimos por pantalla aparece ahí abajo y no en una ventana aparte. Esto es debido a que Java funciona sobre lo que se llama la Java Virtual Machine o JVM.

Si habéis sido observadores, las advertencias han desaparecido y esto es por qué las variables ya han hecho una acción, en este caso, imprimirse por pantalla. Ya hemos acabado con cómo declarar las variables de tipo **int** y de ver qué es lo que son. En el punto **4. Operadores** veremos cómo manejar y realizar operaciones con los diferentes tipos de variables. Pero por el momento ahora tocan los siguientes tipos de variables, caracteres.

1.3.2 Caracteres

Como ya he dicho en el punto anterior, tenemos muchos tipos de variables. En este punto de la guía voy a explicar las variables de tipo *caracter*. Las variables de tipo *caracter* representan letras o símbolos del código **ASCII** (código en el que están escritos todos los caracteres que se usan para escribir en el ordenador). Podéis pensar que este tipo de variable es rara o que no puede tener mucha utilidad, y en cierto modo es así, una sola variable de tipo *caracter* no es demasiado útil, pero si juntamos muchos caracteres entonces sí que es más útil, por ejemplo, para una aplicación en la que queremos comparar contraseñas letra a letra.

Después de esta pequeña introducción, vamos con lo que nos interesa. Así como las variables de tipo entero las definíamos como **int**, las de tipo *caracter* las definimos como **char**. Las variables **char** como he dicho, pueden ser unitarias o guardar más de un carácter en ellas, lo que se llama una **cadena de caracteres**, pero eso lo veremos en otro punto donde hablaremos del tratamiento secuencial de caracteres y de otro tipo de variables llamadas **String**.

La forma de proceder a la hora de declarar las variables es igual que el esquema general que os di para los enteros y cualquier tipo de variable, por ejemplo, **char miVocal;**. Pero con los tipos **char** a la hora de darles un valor no podemos hacer simplemente **miVocal = a;** ya que esto nos dará un error. Cuando queramos darle un valor a una variable de tipo **char** podemos hacerlo de dos maneras: La primera es la más sencilla y consiste en igualar nuestra variable a la letra que nosotros queramos, pero entre '', **miVocal = 'a';**. En el teclado español esas comillas simples se usan con el botón **?**. Ahora bien, no debéis confundir las comillas simples con las dobles, estas están bien '', pero estás no "". Estas comillas últimas que os he escrito se usan para dar valor a una variable de tipo **String** o también si lo recordáis, cuando os dije que borraseis el **"Hello World"** del proyecto de C/C++ para así escribir las variables que declaramos por pantalla dentro del **cout<< <<endl;**, pues si escribimos dentro de << << con las comillas dobles, se nos escribirá por pantalla lo que hayamos escrito dentro de esas comillas. No es 100% necesario que recordéis esto ahora ya que lo repetiré más adelante cuando hablemos de la entrada y salida de datos por pantalla.

Después de esta información adelantada, vamos con la segunda forma de dar un valor a los **char**. Esta forma puede ser un poco extraña si no tenéis mucha relación con la tabla ASCII ya que consiste en usarla. Tendréis la tabla **ASCII** al final del libro para consultarla si la necesitáis o para cuando hagamos programas de ejemplo. La tabla **ASCII** como he dicho, contiene todos los caracteres que podemos usar para escribir en el ordenador y a cada carácter, se le asigna un número decimal y uno hexadecimal, pero el que a nosotros nos interesa es el decimal, así que no os preocupéis si no sabéis cómo funciona el sistema hexadecimal. Pongamos que queremos asignarle a **miVocal** el valor de la vocal 'a', si no lo supiésemos, solo debemos ir a la tabla **ASCII** y ver que su valor es el 97. De esta manera si escribimos **miVocal = 97;** es lo mismo que escribir **miVocal = 'a';**. Podéis preguntaros cuál es la ventaja de usar uno u otro método, pero la verdad es que no hay ni ventaja ni desventaja a la hora de usar cualquiera de los dos, simplemente hay que usar el que más nos convenga para cada programa, y por supuesto, veremos ejemplos donde usar cada uno más adelante. Vamos ahora con cómo quedaría tanto en Java como en C/C++.

```
package main;

public class Main {

    public static void main(String[] args) {
        char miVocal;
        char miConsonante;

        miVocal = 97;
        miConsonante = 'b';

        System.out.println(miVocal);
        System.out.println(miConsonante);
    }

}
```
Java

```
#include <iostream>

using namespace std;

int main()
{
    char miVocal;
    char miConsonante;
    miVocal = 97;
    miConsonante = 'b';

    cout << miVocal << endl;
    cout << miConsonante << endl;

    return 0;
}
```
C/C++

Con esto acabamos el punto de caracteres, pero antes quiero comentar una cosa que os habrá pasado y que puede que no sepáis muy bien qué es. Ocurre tanto en Eclipse como en CodeBlocks.

Cuando estáis escribiendo, por ejemplo, en CodeBlocks, el nombre de una variable para darle un valor, después de haberla creado, es decir, **int miEntero; miEntero = 65;** cuando vais a darle el valor 65 a la variable podéis ver que os aparece un cuadro con el nombre de vuestra variable y puede que más opciones, os pongo una foto:

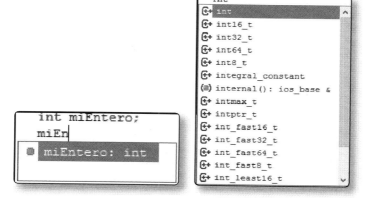

Esto es lo que se conoce como cuadro de autocompletación. Si existe algo en nuestro código que ya está definido y tratamos de escribirlo, con poner las primeras letras ya nos aparecerá en el cuadro para poder autocompletarlo. También nos sirve muchas veces para ver que opciones nos ofrece una **función** dentro del propio lenguaje. Lo que es una **función**, como siempre, lo veremos más adelante.

1.3.3 Booleanas

Continuamos con el siguiente tipo de variable. Estas variables son totalmente distintas a las que hemos visto hasta ahora y realmente no tienen mucha complicación, por lo que esta parte del capítulo no será muy extensa.

Estas variables son especiales y se diferencian del resto ya que solo pueden tener dos valores, verdadero o falso. Sí, puede sonar extraño, pero esos son sus valores. Estas variables se usan en **condiciones** y en **bucles**, veremos que son ambas cosas más adelante, ahora mismo quedaos con la idea de que sirven para estas dos cosas. Vamos a poner un ejemplo muy sencillo de cómo funcionarían estas variables, pero antes vamos a ver cómo se declaran para así hacerlo en el ejemplo.

Aquí es donde Java y C/C++ nos muestran la primera diferencia en algo tan básico como son el tipo de variables. Para declarar una variable booleana en Java usaremos la palabra clave **boolean**, quedaría así: **boolean miCondicion;**. En cambio, para declarar estas variables en C/C++ la palabra clave es similar, pero algo más corta, **bool**, de modo que quedaría así: **bool miCondicion;**.

Visto como declararlas, vamos a ver el ejemplo. Imaginemos que estamos frente a la puerta de nuestra casa y queremos entrar, ¡pero no recordamos si llevamos encima la llave de casa! En este momento nuestra variable booleana sería (en Java, por ejemplo) **boolean tengoLaLlave;**. Como podréis imaginar solo existen dos posibilidades, o la tengo o no la tengo, es decir, o **tengoLaLlave** es verdad o **tengoLaLlave** es falso, y estos valores en programación se definen de la siguiente manera: verdad = **true**, mentira = **false**. Por tanto, o **tengoLaLlave = true** o **tengoLaLlave = false;**. Si es true el resultado de nuestra variable, ¡entonces entramos a casa!, pero si es false entonces nos quedamos fuera.

Las variables booleanas también se usan en una rama llamada **Lógica** y en ella se suele denotar el true como un **1** y el false como un **0**. Esto en la electrónica también tiene un significado, el **1** significa que hay un pulso eléctrico y el **0** significa que no lo hay. Esto no tiene relevancia con el temario, es una simple curiosidad. Vamos a ver cómo quedaría en Java y en C/C++.

```
package main;

public class Main {

    public static void main(String[] args) {
        boolean tengoLaLlave;
        tengoLaLlave = true;

        System.out.println(tengoLaLlave);
    }

}
```

Java

```
1   #include <iostream>
2
3   using namespace std;
4
5   int main()
6   {
7       bool tengoLaLlave;
8       tengoLaLlave = false;
9
10      cout << tengoLaLlave << endl;
11
12      return 0;
13  }
```

C/C++

En el código de Java la consola nos escribirá **true** y en la de C/C++ nos escribirá **false**. Con esto acabamos el punto de variables y nos metemos con el tema de los **operadores**.

1.4 OPERADORES

Conectores	Descripción
+	Se utiliza para sumar 2 o más números
-	Se utiliza para restar 2 o más números
*	Se utiliza para multiplicar 2 o más números
/	Se utiliza para dividir 2 o más números
%	Se utiliza para hacer el módulo de un número
=	Se usa para dar valores a las variables
>=	Se usa para comparar si algo es mayor o igual
>	Se usa para comparar si algo es mayor
<=	Se usa para comparar si algo es menor o igual
<	Se usa para comparar si algo es menor
==	Se usa para comprar si dos cosas son iguales
!	Se usa para negar o para decir que "no"
!=	Se usa para comparar si algo es distinto de algo

Justo encima lo que tenemos son todos los operadores que vamos a tratar durante esta guía y que probablemente más uséis cuando programéis ya que son los más básicos y los que más se usan.

Los operadores, como bien indica su nombre, nos permiten operar con nuestras variables y de esta manera modificar sus valores para que no haya que hacerlo manualmente como hacíamos hasta ahora (**int miEntero = 5;**). Con ellos podemos hacer tanto operaciones matemáticas básicas, como comparaciones lógicas en **condiciones y bucles**. Vamos a ver primero cómo funcionan los que nos permiten hacer operaciones matemáticas básicas.

Para ello tenemos los símbolos: +, -, /, *. La forma de usarlos es realmente sencilla así que vamos a verla directamente con un ejemplo. Retornamos con el ejemplo que pusimos anteriormente con los tornillos en la definición de tipo de variables enteras. Imaginemos que tenemos nuestro **int tornillos;** que como vimos le dimos el valor **tornillos = 75;**, pero resulta que al repartidor se le habían caído 5 tornillos por el camino y nos los trae a la tienda. Lo que tenemos que hacer es sumarle esos 5 a nuestros 75 tornillos. Esto podemos hacerlo de varias maneras, tres principalmente. Empecemos por la más básica: ésta sería sumarle a nuestros 75 los 5 de forma literal, es decir, **tornillos = 75 + 5;** de tal manera que ahora **tornillos = 80;**, esta es la forma más fácil de ver y de entender, pero esta no se usa básicamente nunca. Las dos que más se usan son las siguientes dos de a continuación. La segunda sería así **tornillos = tornillos + 5;**. En un principio puede sonar extraño que esto sea así ya que lo que estamos haciendo es poner **tornillos** en ambos lados de la igualdad y puede parecer que no tiene sentido, pero en realidad lo tiene. Lo que ocurre a grandes rasgos en esta operación es lo siguiente: al **tornillo** de la izquierda del = le vamos a asignar un nuevo valor, y ese valor es el valor actual de **tornillos** a la derecha del = sumándole 5. Esto se resume en este esquema:

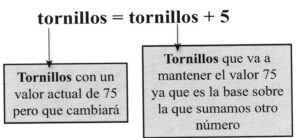

Pero como ya sabéis o si no lo sabíais, ahora ya lo sabéis, los programadores somos bastante vagos a la hora de escribir código, escribimos código eficiente, pero gastando la menor cantidad de energía posible no vaya a ser que nos herniemos escribiendo. Os preguntaréis por qué narices os digo esto. Bueno, la respuesta es porque la última forma de sumarlas es una forma reducida de la anterior, y es así **tornillos += 5;**. Si os ha costado asimilar un poco como funcionaba el anterior puede que este os haya dejado más trastocados aún, bueno, en realidad, el resultado escribamos una u otra en nuestro código va a ser el mismo. En este caso como se repite la variable **tornillos** lo que hacemos es absorberla porque ¿Para qué escribir dos veces lo mismo? En resumen, el efecto es que al valor actual de **tornillos** que es 75, le vamos a sumar 5 para que su valor final sea 80. Estas operaciones se usan con los 4 símbolos básicos de las operaciones matemáticas, por lo que esto que os acabo de explicar es aplicable a la suma, la resta, multiplicación y división. Vamos con cómo lo veríamos en Java y C/C++.

Los signos de multiplicación (*) y división (/) funcionan igual que los de suma y resta y al igual que en estos dos anteriores que acabo de explicar podemos contraer la operación, es decir, si queremos multiplicar los tornillos que tenemos (vamos a suponer que 80 ahora ya que les hemos sumado 5 antes) por 3, por ejemplo. De tal manera que podemos hacer esta operación de las dos maneras que he explicado: **tornillos = tornillos * 3;** o **tornillos *= 3;**.

Hasta aquí los símbolos que manejamos habitualmente en matemáticas, pero hay otro más que explicar antes de pasar a los de comparación lógica y es el símbolo **%**. Este operador tiene una función especial y es conseguir el resto de una división. Supongamos que tenemos la operación 8/3. Si almacenamos esta operación en un **int división = 8/3;** obtendremos que **división** vale 2. Si lo almacenamos en **double división = 8/3;** obtendremos 2.66666…7. En cambio, sí almacenamos ahora **int resto = 8%3;** el resultado que obtendremos es 2, ¿Y por qué?, bueno para ello vamos a revisar una regla tan sencilla como la prueba de la división, dividendo = divisor * cociente + resto. Vamos a despejar la fórmula ahora en función del resto que es lo que nos interesa, resto=dividendo-divisor*cociente y ahora sustituimos, resto = 8 – 3*2.6666…7 que es aproximadamente 2. Esta operación es muy útil en problemas donde solo queremos que se efectúe alguna operación en números pares, ya veremos ejemplos y ejercicios de todo esto más adelante. En resumen, este operador nos guarda el resto de una división.

Pues ahora ya sí que sí hemos terminado de ver todos los operadores matemáticos de la tabla del principio del capítulo, así que vamos a pasar a ver los operadores lógicos. Vamos a empezar viendo el más sencillo de todos y es el ==. Ya hemos visto que el símbolo = nos sirve para igualar una variable a un valor en concreto, el funcionamiento del operador == no tiene nada que ver con su hermano de un solo igual. El = lo que hace es asigna un valor a una variable y el == comparada dos valores, es una diferencia muy importante y que debéis aprender cuanto antes. A lo que me refiero con que el == compara quiero decir que hay que darle dos cosas para que compare, una a su derecha y otra a su izquierda, por ejemplo **5 == 6**. Lo que esto hace es preguntar al ordenador ¿Es cinco igual que seis? Ahora mismo no nos centraremos en que ocurre si la condición es correcta o no es correcta (lo veremos en dos capítulos) ya que nos interesa entender cómo funcionan los comparadores. Pero no solo nos limitamos a poder comprobar si dos **int** son iguales, si no que podemos comparar cualquier variable con otra siempre que sean del mismo "tipo". Podemos comparar un boolean con otro boolean (**true == true** o **true == false**), podemos comparar dos caracteres, que en este caso no nos valdría con poner **c == a**, debemos hacer lo mismo que al asignar un carácter a una variable, poner las ' ', de modo que quedaría **'c' == 'b'**.

Aunque he dicho que deben compararse dos valores del mismo tipo no siempre es así ya que de este modo no podríamos comparar **double** con **int**, o **int** con **float**, o **float** con **double**. Por ello sí que es posible hacer una comparación entre valores de estos tipos, es decir, podemos hacer la comparación **4 == 5.6**. Pero si solo pudiésemos poner números en las comparaciones sería muy aburrido, ya que puede que no siempre queramos comparar la mismo y queramos cambiar esos números, por ello podemos comparar variables, es decir, si tenemos **int variable1 = 5;** y tenemos también **int variable2 = 6;** Podemos hacer **variable1 == variable2** y esto es totalmente correcto, se puede hacer con cualquier tipo de variable y es lo que más se usa con diferencia, es muy raro que se comparen dos números sin estar asignados a una variable.

Visto y explicado este operador, los cuatro siguientes son muy sencillos. Vamos uno a uno. Primero empezaremos con >, el signo mayor, que hemos usado siempre en matemáticas. Al igual que el == compara algo a su derecha e izquierda y dice si lo de la derecha es mayor que lo de la izquierda, por ejemplo, **6 > 5**, pero ¿Y si queremos comprobar si es mayor o igual? Pues muy sencillo, usamos el operador >=, que es básicamente una mezcla de los dos anteriores. Los otros dos que faltan como ya podréis imaginar son < y <=, los símbolos menor y menor que.

Cabe destacar que estos cuatro últimos operadores no se pueden usar con variables ni valores del tipo booleano ya que no podemos determinar si **true >= false** o **true < false** ya que estos valores solo pueden ser iguales o distintos.

Finalmente vamos con el ultimo operador lógico y puede que el más confuso si no lo vemos dentro de una condición, pero ya habrá tiempo de verlo mucho más en profundidad y ejemplos más adelante. Este operador es el ! o también llamado **not**. Lo que hace este operador es negar lo que lleve a su derecha, realmente no compara nada, solo niega lo que lleva a la derecha y a la izquierda no debe llevar nada como hacen los anteriores. Vamos a verlo con un ejemplo, si tenemos la comparación **5 == 6**, y hacemos **! (5 == 6)** lo que estaríamos haciendo es negar el resultado de la comparación. De momento vamos a dejarlo aquí y con que sepáis que sirve para negar es suficiente.

También podemos usar el ! junto con el = dando lugar a != que tiene una función más sencilla que el not el solo. Esta función es la de decir si dos cosas son distintas y en este caso sí que lleva algo a la derecha y a la izquierda para compararlas. Si tenemos **5 != 6** estamos preguntando si 5 es distinto de 6.

Los operadores que acabo de explicar funcionan igual tanto en C++ como en Java.

1.5 STRINGS Y CADENAS DE CARACTERES

Este punto puede que sea más corto que los anteriores, pero creo que merece la pena explicar de manera separada este tipo de variables ya que son un poco más complejas de trabajar con ellas y se usan bastante.

Comenzaré explicando que un String es un conjunto de caracteres, es decir, si juntamos **'h' 'o' 'l' 'a'** en un String tendríamos **"hola"** y como habréis podido ver hemos cambiado de las comillas simples a las comillas dobles y es porque los valores de los Strings siempre van entre comillas. Los **Strings** también pueden almacenar un solo carácter como hacen los **char** y también se pone doble comillas, aunque solo almacene un carácter. Un ejemplo, **String frase = "hola mundo";**

Como podéis suponer los **Strings** son muy útiles para almacenar palabras o frases, pero no solo los **Strings** nos permiten hacer esto, las propias variables de tipo **char** nos lo permiten. Si queremos almacenar la frase hola mundo como he puesto arriba podemos hacerlo de la siguiente manera **char frase = 'hola mundo';** como bien habréis podido observar hemos pasado de nuevo a las comillas simples, ¿Por qué? Porque estamos de nuevo en una variable de tipo *caracter*. A esto se le suele llamar una **cadena de caracteres**, que es básicamente un **String,** pero de tipo **char**.

Es importante decir que no se trabaja de igual manera con las cadenas de caracteres y con los **Strings**, hay que tratar con cada uno de una manera en especial.

Cabe destacar también dos cosas: primero es que en Java no podemos hacer **char palabra = 'hola';** ya que para Java un **char** es un carácter, y la segunda es que en C++ los **Strings** no funcionan directamente. Vamos a ver cómo hacerlo.

Para arreglar en C++ el poder usar los **Strings** es muy fácil:

```
#include <iostream>
#include <string>        ← Necesitamos añadir
                           esa línea de código
using namespace std;
string palabra = "hola";
int main()
{
    cout << "Hello world!" << endl;
    return 0;
}
```

Después de añadir esa línea se declara como vemos justo debajo del **using namespace std;**.

Un dato muy importante es que los **Strings** y los **char** pueden almacenar números, pero no podremos operar con ellos directamente como hacemos con los **int**, **float**…

En Java no voy a ponerlo esta vez ya que funcionan de forma directa, pero cabe destacar una diferencia entre Java y C++, en Java se declara **String** y en C++ se declara **string**, parece una tontería, pero si nos confundimos y escribimos lo de Java en C++ y viceversa nos saltará un error, así que tened cuidado con eso.

Sobre como trabajar con ellos iremos indagando poco a poco según vayamos avanzando en la guía.

1.6 INTRODUCIR DATOS POR TECLADO

Entramos en una de las partes más útiles y que más vamos a usar ya que va a ser muy necesario dentro de los programas que vamos a realizar. Si solo diésemos valores a nuestras variables desde el propio código nuestros programas funcionarían, pero se volverían aburridos ya que habría que estar tocando el código todo el rato para obtener diferentes resultados, pero por suerte podemos evitar esta monotonía gracias a la entrada por teclado que nos ofrecen los lenguajes de programación.

Vamos a ver directamente como funcionan tanto en C++ como en Java con un ejemplo y a partir de eso explicaré su estructura y cómo funcionan cada uno ya que la forma de utilizarlos es muy diferente dentro de un lenguaje y de otro y sobre todo entre C++ y Java. Comenzaremos con C++ ya que es más sencillo de entender.

Para C++ usaremos la palabra clave **cin**. Como veremos a continuación en el ejemplo usa los mismos símbolos que **cout,** pero de manera inversa. Para que os hagáis una idea de que es **cin** y **cout**, c-in así separado puede parecer más claro y es básicamente lo que le introducimos a C++ por teclado. Y por el contrario **c-out** es lo que C++ nos muestra por la pantalla, es su salida.

```cpp
#include <iostream>
#include <string>

using namespace std;

int miEntero;

int main()
{
    cin >> miEntero;
    cout << "El valor introducido por teclado es: " << miEntero << endl;
    return 0;
}
```

Aquí podemos ver uno de los programas más simples que nos podemos encontrar a la hora de introducir valores por teclado. En resumen, lo que hace es pedir un número para que se lo escribamos en la consola para después escribir dicho número introducido por pantalla.

Primero declaramos una variable de tipo **int** y después llega la línea del **cin**. El **cin** tiene una particularidad y es que detendrá la ejecución de las líneas que lleve debajo hasta que se le introduzca un valor en la consola y se pulse **Enter**. Una vez que se le haya introducido el valor entonces continuará con la ejecución normal del programa. Lo que hace el **cin** en nuestro pequeño programa es coger la información que hemos introducido por teclado y almacenarla en las variables, sigue este esquema:

Hay una cosa en C++ que debo recordar. Para concatenar varios **Strings** entre sí o con otros tipos de variables, siempre que queramos añadir algo nuevo debemos usar <<, en nuestro ejemplo queremos que primero aparezca una frase y acto seguido el valor que hemos introducido por teclado. Para ello primero ponemos la frase y como después queremos el valor << **miEntero** y de esta manera queda concatenado en la salida por pantalla. Probado este ejemplo vosotros mismos y experimentad con la concatenación ya que es muy útil.

Podemos entender el **cin** como un conversor entre el teclado y el valor que se le asigna a la variable.

El resultado que obtendríamos por pantalla si introdujésemos un 5 en la consola seria:

"El valor introducido por teclado es: 5"

Ahora podéis estar haciéndoos dos preguntas, pero, aunque no os las estéis haciendo voy a exponerlas y contestarlas porque son importantes:

1. ¿Por qué no has puesto el **cin** fuera junto con **miEntero**?

2. ¿Y qué pasa si **cin** va a dar valor a una variable de tipo entero e introducimos por teclado un **float** o un **char** u otro valor de un tipo distinto a **int**?

Para la primera contestaré que ni **cin** ni **cout** pueden ir "fuera" del **int main()** {}, y dejo fuera entrecomillado porque realmente si pueden ir fuera siempre y cuando vayan dentro de una función o método, pero eso ya lo veremos más adelante en el tema de funciones. Por el momento debemos dejar tanto **cin** como **cout** dentro del **int main(){}**.

Para la segunda pregunta C++ intentará trabajar con lo que le pasemos por teclado tratando por lo general de intentar convertir los datos del teclado al tipo de datos de la variable a la que queremos dar un valor, es decir, que si a **miEntero** le hacemos un **cin** de 5.6897, quitará todos los decimales y se quedará con un simple 5. En el caso de introducir un **char** o un **string** C++ por lo general devolverá un valor por defecto que suele ser 0. En el caso de que hagamos **cin** a un **string** no tendríamos ningún problema ya que los **strings** pueden contener números. Veremos que esto en Java no ocurre y que tendremos que tratar estos casos.

Visto y explicado todo esto creo que lo más esencial de la entrada de datos por teclado en C++ está visto. Pero antes de terminar es importante decir que para poder usar tanto **cin** como **cout** se debe tener la línea de código #include <iostream>, si no se tiene entonces no podremos usarlos. La razón la explicaremos cuando veamos las clases y como importarlas y hacer uso de ellas. Si os aparece en la consola los siguientes fallos es porque no tenéis esa línea de código como en el ejemplo de arriba:

"cin was not declared in the scope"
"cout was not declared in the scope"

Para coger **string** por teclado, en C++ es mejor usar **getline(std::, s)**, siendo **s** la variable de tipo **string**, ya que, si lo hacemos con **cin** y metemos una frase con espacios, solo cogerá la palabra hasta el primer espacio, pero con este comando lo coge todo.

Vamos pues con cómo hacer este mismo ejemplo, pero esta vez en Java. Para Java usaremos un tipo de variable no básica llamada **Scanner**. El **Scanner** es el "equivalente" en Java de **cin** para C++. **Scanner** es un tipo de objeto, pero nosotros lo veremos como una variable y así simplificamos de momento, aunque bastante más adelante al llegar a **objetos** veremos en profundidad como funciona.

Ahora cuando os ponga el ejemplo veréis que hay algo totalmente nuevo y como siempre os digo, lo veremos más adelante.

```java
package main;

import java.util.Scanner;

public class Main {

    public static void main(String[] args) {
        Scanner scanner;
        scanner = new Scanner(System.in);   ←──── Nuevo
        int miEntero = scanner.nextInt();
        System.out.println(miEntero);   ←──── Nuevo
    }

}
```

Como podréis observar vemos varias cosas nuevas, las he marcado en la imagen. Lo primero que nos encontramos es ese **new Scanner(System.in);** ¿Qué narices es eso? Bueno puede parecer muy tedioso, pero vamos a hacerlo simple ahora mismo. Lo que estamos haciendo es crear el **Scanner** dentro del programa asignándole a zona en la memoria RAM la cual reservamos gracias a la palabra clave **new**, en resumen, le estamos guardando un trocito de memoria al **Scanner** para poder usarlo sin problemas. ¿Y eso de **System.in**? Bueno eso es para indicarle al **Scanner** que los datos que va a leer son del teclado ya que puede leer datos de más fuentes, pero de momento veremos el teclado que es lo que nos interesa. Hasta aquí ahora mismo solo tenéis que aprender esto de memoria o mirarlo cada vez que queráis introducir algo por teclado y copiarlo. No os confundáis con **Scanner** y **scanner**, la que está con mayúsculas es el tipo de variable y la que está con minúsculas es el nombre de la variable.

Vemos después la otra cosa nueva y es que después de **scanner** y es que va un punto, bueno eso es un tema complejo ya que nos vamos a la **programación orientada a objetos** que es un tema que trataremos más adelante. Por ahora vamos a entender el punto y lo que viene después como el tipo de variable que vamos a asignarle a nuestras variables, como por ejemplo a nuestro **int miEntero;**. En ese caso hemos puesto **.nextInt(),** es decir, que lo que el **scanner** espera como siguiente valor es un **int**.

.nextInt()	Para **int**
.nextFloat()	Para **float**
.nextDouble()	Para **double**
.nextLine()	Para **String**
.nextBoolean()	Para **boolean**

La tabla que os acabo de adjuntar contiene los tipos de variables que más vamos a manejar. ¿Y por qué una cosa distinta para cada tipo de variable? Bueno la respuesta es que a diferencia de C++ el **Scanner** de Java no distingue entre los diferentes tipos. Si tenemos **int miEntero** y por teclado le metemos 5.67 obtendremos un error en vez de visualizar el número que hemos metido por teclado, concretamente obtendremos esto:

```
5.67
Exception in thread "main" java.util.InputMismatchException
        at java.util.Scanner.throwFor(Unknown Source)
        at java.util.Scanner.next(Unknown Source)
        at java.util.Scanner.nextInt(Unknown Source)
        at java.util.Scanner.nextInt(Unknown Source)
        at main.Main.main(Main.java:10)
```

Esto es lo que se llama una excepción, algo con lo que C++ no cuenta y que explicaré bastante más adelante, pero ahora mismo debéis saber que si os aparece algo así por pantalla vuestro programa no funcionará correctamente. Para evitar que esto ocurra debéis seguir este esquema para los distintos tipos de variables:

1. Para **int**, **int miEntero = scanner.nextInt();**

2. Para **float**, **float miFloat = scanner.nextFloat();**

3. Para **double**, **float miDouble = scanner.nextDouble();**

4. Para **String**, **String miString = scanner.nextLine();**

5. Para **boolean**, **boolean miBool = scanner.nextBoolean();**

El funcionamiento en consola es igual que en C++, hacéis clic en la parte de la consola, metéis el número y **Enter**.

Si no os deja compilar u os aparece **Scanner** con una línea roja es porque no habéis importado el **Scanner**, hay dos formas de hacerlo:

1. Escribir justo debajo de **package**, **import Java.util.Scanner;**

2. Ponéis el ratón sobre **Scanner** con la línea roja, esperáis un poco y os aparecerá una pequeña ventana como esta:

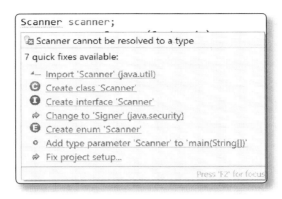

Solo debéis hacer clic en Import 'Scanner' (java.util).

Pues una vez terminado de explicar cómo funciona en C++ y en Java la entrada de datos por teclado pasamos al bloque de las condiciones, donde no solo veremos teoría y ejemplos si no que comenzaremos con los ejercicios resueltos y los propuestos para vosotros.

1.7 CONDICIONES

Entramos en uno de los bloques más importantes dentro de la programación, las condiciones. Casi cualquier programa que os encontréis, por muy pequeño y simple que sea (sin contar los que os he mostrado hasta ahora) tienen algún tipo de condición.

Con condiciones me refiero a algo tan trivial como las que hacemos nosotros mismos día a día, por ejemplo, "si llegas tarde, me enfadaré". Tenemos una condición en la que si una persona llega tarde como resultado obtenemos que la persona que espera se enfadará. Podemos manipular un poco más esta condición: "si llegas tarde me enfadaré, si no, iremos a tomar un helado". Aquí ya tenemos más opciones dentro de la condición en la que se afirma que si la persona que tiene que llegar lo hace a la hora, irán a tomar un helado.

Visto esto, el ordenador también entiende condiciones, aunque son un poco distintas a las que usamos en nuestro día a día. Vamos a retomar el ejemplo que pusimos en el punto de los operadores, en el que estudiábamos los operadores lógicos, más específicamente empezaremos por ==. Si recordáis teníamos la comparación **5 == 6**, bueno esto así puede ser muy aburrido, además de que, si tratamos de escribirlo tal cual en Eclipse o CodeBlocks nos dará un error de compilación, ¿por qué? Pues porque las comparaciones siempre deben hacerse dentro de una condición, ya que una comparación siempre contiene un valor de tipo **boolean**. ¿A qué me refiero con esto? Bueno es muy sencillo en realidad. Si nosotros le preguntamos a una persona, ¿Es cinco igual que seis? La respuesta es obvia, **no**, o lo que es lo mismo, la afirmación es **falsa**, es decir, esa condición nos devuelve un valor **boolean false** y precisamente las condiciones trabajan con valores del tipo **boolean** que son los que devuelven las condiciones.

Puede que hasta aquí todo pueda ser un poco lioso así que la mejor manera de aclararlo es mediante un ejemplo. Las condiciones se manejan exactamente igual tanto en Java como en C++, así que por comodidad yo lo haré solo en Java, pero repito, es igual en C++. Como anteriormente, primero os pongo el ejemplo y después explico su estructura y funcionamiento.

Por comodidad vamos a dividir este punto de condiciones en tres subpuntos, ya que podemos tener tres tipos de condiciones.

1.7.1 If

La primera condición que nos encontramos es un simple **if**, y sin más esperas vamos a ver el ejemplo:

```java
package main;

public class Main {

    public static void main(String[] args) {
        int miEntero = 5;

        if(miEntero == 6) {
            System.out.println(miEntero + " es igual a 6");
        }
    }
}
```

NOTA:
Para concatenar cadenas en Java, como usábamos << en C++, aquí se usa el +

Bueno a simple vista puede resultar un poco lioso y puede que no se entienda, pero os aseguro que es muy sencillo y voy a explicarlo todo parte por parte, como siempre.

Lo primero que hacemos es crear una variable **int miEntero** para trabajar con dicha variable y le damos un valor inicial de 5, podéis darle el valor que queráis, pero de momento uno que sea menor que 5. Llegamos a la línea del **if**, ¿Qué ocurre aquí?

Muy sencillo, el ordenador al llegar a esta línea de código se hace una pregunta, ¿Es cinco igual que seis? Y el ordenador como es muy listo sabe que no es verdad, por lo que nos contesta con un **false**, en otras palabras, el resultado de la comparación **5 == 6** es **false** y ahora nuestro **if** trabajará con ese **false**.

Trasladando el **if** a nuestro idioma lo que quiere decir es: "si **miEntero** es igual que 6, entonces hago algo" y ese hago algo en nuestro caso es imprimir por pantalla "5 es mayor que seis", pero esto **SOLO** ocurrirá si se da que la comparación que hemos metido en el **if** es verdadera, es decir, es **true**. Como en nuestro caso resulta que **miEntero == 6** es **false**, lo que va dentro del **if** no se ejecutará jamás.

El **if** tiene una estructura un poco extraña para lo que hemos visto hasta ahora, primero se pone la palabra clave **if**, después los **()** en los que dentro meteremos nuestra comparación y después llega **{}**, todo lo que este encerrado dentro de las **{}** es lo que se ejecutará si resulta que la condición se cumple. En el caso de que no se cumpla, como nos pasa a nosotros con nuestro ejemplo, el código de dentro de las llaves (**{}**) nunca se ejecutará.

Vamos a cambiar un poco nuestro código para que se ejecute lo que hay dentro de las llaves:

```java
package main;

public class Main {

    public static void main(String[] args) {
        int miEntero = 5;

        if(miEntero != 6) {
            System.out.println(miEntero + " es distinto de 6");
        }
    }
}
```

Vamos a hacer uso del comparador distinto que **!=**.

Ahora mismo la condición es muy diferente a la que era antes ya que ahora estamos en esta situación: "si **miEntero** es distinto de 6, entonces ejecuto el código que tengo entre las llaves". Como 5 es distinto de 6 la condición de nuestro **if** se cumple y por tanto se ejecutará el código de dentro de las llaves del **if** y aparecerá por pantalla "5 es distinto que 6".

Aunque podemos enrevesar aún más las cosas ya que una condición para que se cumpla no siempre tiene que ser **true** ya que a veces lo que nos interesa es que la condición no se cumpla y nos devuelva **false** para ejecutar lo que hay dentro de las llaves. Vamos a ver un pequeño ejemplo en el que usaremos el operador lógico ¡ que dejamos un poco apartado. Para ello ahora vamos a usar una variable de tipo **boolean** ya que son las más rápidas y sencillas de entender en una condición:

```java
package main;

public class Main {

    public static void main(String[] args) {
        boolean miCondicion = false;

        if(miCondicion == false) {
            System.out.println("Ejemplo donde necesitamos que la condicion sea falsa");
        }
    }
}
```

En este caso lo que le estamos pidiendo a la condición es que, para ejecutarse, la variable que lleva dentro debe tener valor **false**, y efectivamente nuestra variable **miCondicion** tiene un valor **false**. Si la variable al declararla hubiese tenido valor **true** en vez de valor **false**, la condición no se habría cumplido y el código de dentro de las llaves no se habría ejecutado.

Las variables de tipo **boolean** tiene una "abreviatura" a la hora de ponerlas en una condición. Con esto me refiero a que nosotros en una condición si queremos trabajar con variables **boolean** solo tenemos dos operaciones posibles, **miCondicion == false** y **miCondicion == true**, bueno pues si os resulta muy cansado escribir tanto, las abreviaturas son las siguientes:

Forma larga	Forma corta
If(miCondicion == true){}	If(miCondicion){}
If(miCondicion == false){}	If(!miCondicion){}

Ambas formas son correctas y funcionan exactamente igual. Como podéis observar, para el **== false** aparece el operador not (**!**), ese que dejamos un poco apartado en el punto de los operadores. En el caso de los **boolean** en una condición lo que hace es decir que dicha variable **boolean** debe tener valor **false** para que la condición se cumpla.

Vamos a ver otro ejemplo de condiciones en el que usamos el operador **not**, pero esta vez con números enteros:

```
package main;

public class Main {

    public static void main(String[] args) {
        int miEntero = 5;

        if(!(miEntero == 6)) {
            System.out.println(miEntero + " es distinto de 6");
        }
    }

}
```

Si recordáis, el operador **!** lo que hacía es negar lo que llevase a la derecha, es decir, si devuelve **true** la comparación, lo transformará a un **false** y viceversa.

Vamos a retomar el primero ejemplo que teníamos en el que queríamos saber "si **miEntero** es igual que 6". Lo que ahora quiere decir nuestro código es "si no **miEntero** es igual que 6", pero esto no tiene mucho sentido. Vamos a reescribirlo de tal manera que se entienda un poco más. Está claro que la comparación que tenemos en el **if** es **false** porque no son iguales y de este modo el código de los paréntesis no se ejecutará, pero al poner el **not** a la izquierda de la comparación la cosa cambia, porque al poner ahí el **not** lo que en realidad estamos diciéndole al ordenador es "si **miEntero** es distinto de 6, entonces ejecuta el código de las llaves". Otra forma de ver cómo funciona el **not**, es decir: "si lo que hay en la comparación no se cumple, voy a hacer que ahora se cumpla", aunque también funciona, al contrario, "si lo que hay en la comparación se cumple, voy a hacer que no se cumpla", de tal manera que, si tenemos el siguiente código, las líneas de las llaves jamás se ejecutarán:

```
package main;

public class Main {

    public static void main(String[] args) {
        int miEntero = 5;

        if(!(miEntero != 6)) {
            System.out.println(miEntero + " es igual de 6");
        }
    }

}
```

¿Por qué? Pues porque estamos en el segundo caso de "si la condición de la comparación se cumple, voy a hacer que no se cumpla" y efectivamente lo consigue. La condición si quitásemos el **not** sería correcta ya que 5 es distinto de 6, pero al poner el not va a hacer lo contrario.

Puede que os estéis preguntando por qué he puesto paréntesis rodeando a la comparación **(miEntero != 6)** y fuera a la izquierda el **not**, bueno el caso es que yo no puedo escribir algo como **!miEntero != 6** o **miEntero != !6** ya que no podemos poner el **not** junto con números o con cualquier otra variable que no sea de tipo **boolean**. Es por eso que lo ponemos fuera ya que **(miEntero != 6)** nos devolverá **true** y el **not** solo trabaja con **true** y **false**.

Como resumen final y muy importante, el **if** solo se ejecutará si al final dentro de los paréntesis tiene un **true**, if(true){}, de otra manera no se ejecutará. Si véis los ejemplos anteriores veréis que es así. Por ejemplo, con la variable **boolean**, cuando hacíamos **miCondicion = false;** y después **if(¡miCondicion){}** en realidad pasaba esto:

miCondicion   **false**

if(!false) { 'código a ejecutar' }

if(true) { 'código a ejecutar' }

Porque como sabemos **not** hace lo contrario y lo contrario de **false** es **true**. Pero si esto os parece un poco lioso simplemente podéis pensar de la manera **if(miCondición == false){}**, ya que es fácil ver que "si **miCondicion** es igual a false, entonces se ejecutará el código de las llaves".

Espero que con las explicaciones y ejemplos haya quedado claro cómo funciona el **if** más básico, si no es así no os preocupéis que más al final del punto habrá más ejercicios resueltos y para que hagáis vosotros.

Hay otros dos operadores lógicos que no he nombrado hasta ahora ya que no tenía mucho sentido hacerlo si no veíamos el **if**. Son los siguientes:

Operador	Inglés	Español
&&	AND	Y
||	OR	O

*El || se pone con ALT GR + 1

Ambos operadores se ponen dentro del **if** y lo que hacen es permitir que haya varias comparaciones dentro de un mismo **if**. Vamos a explicar primero el **&&**.

```java
package main;

public class Main {

    public static void main(String[] args) {
        int miEntero = 5;

        if(miEntero < 6 && miEntero > 4) {
            System.out.println("Dos condiciones cumplidas");
        }
    }

}
```

Tenemos este pequeño programita en el que la condición básicamente quiere decir "si **miEntero** es menor que 6 **Y miEntero** es mayor que 4, entonces ejecutaré el código de las llaves". El **Y** es muy importante en nuestra condición ya que para que al final se pueda ejecutar el código de las llaves se tienen que cumplir las dos condiciones. Si una sola de ellas no se cumple, entonces el código de las llaves no se ejecutará. Repito, ambas condiciones **deben cumplirse**. Si **miEntero** valiese 4 la primera condición se cumpliría, pero no la segunda.

El **OR** funciona de manera distinta, vamos a verlo con **miEntero** valiendo 4:

```java
package main;

public class Main {

    public static void main(String[] args) {
        int miEntero = 4;

        if(miEntero < 6 || miEntero > 4) {
            System.out.println("Al menos una de las condiciones se cumple");
        }
    }

}
```

Lo que esta condición quiere decir es: "si **miEntero** es mayor que 6 **O miEntero** es mayor que 4, entonces ejecutaré el código de las llaves". Vamos comparación por comparación. **miEntero** es mayor que 6, por lo que esa comparación es **true**, pero por otro lado **miEntero** no es mayor que 4, por lo que esa comparación es **false**. ¿Qué es lo que ocurre? Que para que se ejecute el código de dentro de las llaves con que una sola de las comparaciones que hay dentro del **if** se cumpla, el código de sus llaves se ejecutará. Repito, aunque le metamos 10 comparaciones, con que **una sola** se cumpla, se ejecutará el código entre llaves.

Ahora, puede que os estéis preguntando ¿Se pueden combinar el **&&** y el **||**? La repuesta es que sí. Y puede que os hagáis otra pregunta ¿Puedo mezclar varios tipos de variables en las distintas comparaciones? La respuesta es que sí también, vamos a verlo en un ejemplo:

```java
package main;

public class Main {

    public static void main(String[] args) {
        int miEntero = 4;
        boolean miCondicion = true;

        if((miEntero < 6 || miEntero > 4) && miCondicion == true) {
            System.out.println("Por lo menos una de las condiciones del OR se cumple y se cumple la del AND");
        }
    }
}
```

Lo que esta condición quiere decir traducido a nuestro idioma es: "si **miEntero** es menor que **O miEntero** es mayor que 4 **Y miCondicion** es iguala **true**, entonces ejecutaré el código de las llaves".

Lo que ocurre al poner los paréntesis es que garantizamos que primero se ejecute el **||** sin que el **&&** afecte de alguna manera que no queremos que afecte. Primero se ejecuta la comparación entre paréntesis, que como ya hemos visto en el ejemplo del **||** se cumple porque al menos una de ellas es **true**, pero esta vez no nos vale solo con eso ya que después tenemos un **&&** y como sabemos para que se ejecute el código de las llaves en este caso todas las comparaciones deben cumplirse. De nuevo, tenemos que la primera entre paréntesis se cumple, pero ¿Se cumple la segunda? Pues vemos que sí, ya que **miCondicion** tiene valor **true** por lo que ambas condiciones se cumplen y el código de las llaves se ejecutará.

Pero también podemos tener estos dos operadores con las prioridades cambiadas. Veamos este ejemplo:

```java
package main;

public class Main {

    public static void main(String[] args) {
        int miEntero = 5;
        boolean miCondicion = true;

        if((miEntero < 6 && miEntero > 4) || miCondicion == true) {
            System.out.println("O el parentesis o la variable booleana se cumple o ambos lo hacen");
        }
    }
}
```

Hemos cambiado el valor de **miEntero** por 5 y el de **miCondicion** por false. El **if** ahora mismo está diciendo: "si **miEntero** es menor que 6 **Y miEntero** es mayor que 4 **O miCondicion** es igual a true, ejecutaré el código de las llaves"

Como he dicho antes, los paréntesis van a hacer que la comparación que haya dentro se ejecute antes, de tal manera que primero vemos que la comparación **miEntero** menor que 6 se cumple, y la otra también se cumple, por lo que la comparación del paréntesis se cumple. Comprobamos ahora la otra condición, **miCondicion** no vale **true** por lo que esa comparación no se cumple, pero en este caso nos da igual porque lo que une a la comparación entre paréntesis con la variable miCondicion es un || y por tanto con que una de las dos comparaciones se cumpla al final, el código de las llaves se ejecutará.

Si algo de esto no queda claro lo trabajaremos en los ejercicios al final del punto.

1.7.2 If/else

Esta segunda forma del **if** es una complementación de lo que acabamos de ver. Vamos a ver su estructura con un ejemplo:

```java
package main;

public class Main {

    public static void main(String[] args) {
        int miEntero = 5;

        if(miEntero == 6) {
            System.out.println(miEntero + " es igual a 6");
        }else {
            System.out.println(miEntero + " no es igual a 6");
        }
    }

}
```

Como podéis ver el **else** se coloca justo después de la llave que cierra el **if** y también tiene sus propias llaves con un código dentro que ejecutará o no ejecutará.

El **else** solo ejecutará el código de sus llaves si la condición del **if** no se cumple. En el caso de que se cumpla la condición del **if**, el **else** y todo su código será como si no existiesen. En el caso de nuestro ejemplo, como **miEntero** vale 5, el código del **if** jamás se ejecutará por lo que al no cumplirse la condición del **if** automáticamente pasa al **else**, donde se nos imprimirá por pantalla la frase: "5 no es igual a 6". Tratando de traducir a nuestro idioma le **if/else**: "si **miEntero** es igual a 6, entonces ejecutaré el código de las llaves (del **if**). Si no se cumple la condición del **if**, ejecutaré el código de las llaves del **else**". Algo importante es que el **else** por sí solo no lleva paréntesis como hace el **if** y solo puede haber un **else** (por sí solo) en un conjunto de **if**. Ahora explicaré a lo que me refiero con conjunto de **if** en el siguiente apartado.

1.7.3 If/else if/else if/ … /else

Puede que el título del subpunto no sea muy claro, pero ahora mismo lo explico, y la mejor manera de hacerlo va a ser directamente con un ejemplo:

```java
package main;

public class Main {

    public static void main(String[] args) {
        int miEntero = 5;

        if(miEntero == 6) {
            System.out.println(miEntero + " es igual a 6");
        }else if(miEntero > 6){
            System.out.println(miEntero + " es mayor que 6");
        }else {
            System.out.println(miEntero + " es menor que 6");
        }
    }
}
```

Como podéis observar, después del **if** hemos añadido un **else** pero justo después hemos puesto otro **if()** y al final un **else** solo. ¿Qué está pasando aquí? Bueno los que manejéis bien el inglés ya podréis ir viendo cómo va más o menos la cosa ya que si habéis entendido bien el **if** por si solo y el **else** por sí solo, esto no es más que unirlos.

Lo que estamos haciendo es crear un conjunto de condiciones en torno a una variable, en este caso **miEntero**. Cuando usamos el **if/else** solo, al no cumplirse la condición del **if,** el **else** englobaba todas y cada una de las otras posibilidades de condición, es decir, englobaba: que **miEntero** fuese mayor que 6, menor que 6, que fuese igual a 4, que fuese igual a 7, que fuese igual a -1… Y así todas las posibilidades. Pero puede que queramos afinar más dentro de nuestras condiciones y para eso está la estructura **if/else if/ … / else**. Lo que hacemos con **else if()** es darle más oportunidades a las condiciones para que se cumplan antes de llegar al **else**, donde sabremos con certeza que ninguna de las condiciones anteriores se cumple.

Voy a explicar nuestro ejemplo traducido a nuestro idioma: "si **miEntero** es igual a 6, ejecuto el código entre las llaves del **if**. Si no, si **miEntero** es mayor que 6, ejecuto el código de las llaves del **else if**. Si no ejecuto el código de las llaves del **else** (porque ninguna de las condiciones de arriba se ha cumplido)" Básicamente lo que hace es ejecutar de arriba abajo cada una de las condiciones hasta que una se cumpla o llegue al **else**. Si una de las condiciones se cumple, haya uno o varios **else if** o un solo **else**, no ejecutará el código de entre las llaves de ninguno de ellos ya que una de todas las condiciones se ha cumplido.

Antes he comentado que solo puede haber un **else** solo por grupo de condiciones. Para romper un grupo de condiciones basta con que haya otro **if** debajo de uno ya existente, vamos a verlo en el ejemplo:

```java
package main;

public class Main {

    public static void main(String[] args) {
        int miEntero = 5;
        boolean miCondicion = false;

        if(miEntero == 6) {
            System.out.println(miEntero + " es igual a 6");
        }else if(miEntero > 6){
            System.out.println(miEntero + " es mayor que 6");
        }else {
            System.out.println(miEntero + " es menor que 6");
        }

        if(miCondicion == true) {
            System.out.println("La condicion es true");
        }else {
            System.out.println("La condicion es false");      ← **Corte de grupo de condiciones**
        }
    }
}
```

Debajo os dejo unos cuantos ejercicios para que practiquéis. Las soluciones están al final de la guía, pero intentadlos vosotros mismos ya que es como más aprenderéis. Si veis que no os sale de ninguna manera podéis mirar la solución, pero debéis saber que no hay una sola forma de solucionar los problemas. La mía es solo una opción.

EJERCICIOS

1. Queremos hacer un programa en el que se introduce por teclado un número entero, que usaremos como la longitud del radio de una circunferencia. Por pantalla queremos que se imprima la frase "El área de la circunferencia es: " y después el área de la circunferencia.

   (Para C++ hay que incluir #include <math.h> y para usar PI, M_PI, para Java Math.PI).

2. Queremos hacer un programa en el que metemos una medida en cm, donde antes de introducir el número por teclado se nos imprime la frase: "introduce el número en cm: ". El número puede ser entero o decimal. Queremos que en la salida se transforme los cm a metros de tal manera que después de transformar el número introducido se imprima por pantalla: "El número pasado a metros es: " y después el número transformado.

3. Queremos hacer un programa que reciba como entrada los dos catetos de un triángulo rectángulo y que nos calcule su hipotenusa con el teorema de Pitágoras. Por la salida imprimiremos: "La hipotenusa es:" y su tamaño. Pista: La raíz cuadrada en Java es Math.sqrt(x) y en C++ después de añadir #include <math.h>, sqrt(x), con x un número.

4. Queremos hacer un programa que, dado un número introducido por teclado, determine si dicho número es par o no.

5. Queremos hacer un programa que dado un **char** introducido por teclado, nos imprima por pantalla si está en mayúscula o en minúscula. Pista: Hay que trabajar con los valores numéricos de los **char** (como vimos en el punto de tipos de variables). Otra pista es que la diferencia entre la 'a' (cuyo valor es 97) y 'A' (cuyo valor es 65) es 32.

6. Queremos hacer un programa que determine qué tenista ha ganado un set, para ello introduciremos dos enteros por teclado. El primero serán los juegos ganados por el jugador A y el segundo los juegos ganados por el jugador B. Para que los números sean correctos y se pueda saber quién ha acabado el partido, si todavía no han acabado o si los números son incorrectos, hay que seguir las siguientes reglas que os adjunto:

   - Un partido consta de 6 juegos, hasta que como mínimo uno de los dos jugadores no alcance esta cifra, el set no habrá acabado.

- Si los jugadores van 5 a 5 juegos cada uno, el número de juegos sube a 7, el primero que llegue gana el set.

- Si hay un empate 6 a 6 juegos, el ganador se decide en el juego 7.

- Números como 4 juegos para el jugador A y 7 para el B deben ser marcados por pantalla como incorrectos.

Por pantalla queremos una salida del estilo:

▶ "Jugador A: " y añadimos el número introducido por teclado para el A
▶ "Jugador B: " y añadimos el número introducido por teclado para el B
▶ Y finalmente el resultado del partido, que podrá ser: "Gana A", "Gana B", "Números inválidos" o "El set no ha acabado".

1.8 SWITCH

Como ya dije en el punto anterior, las condiciones son uno de los grandes bloques necesarios para la programación y realmente el **switch** no es un nuevo bloque ya que en cierto modo es un grupo de condiciones, pero estructurado de otra manera. Podemos decir que es un grupo de condiciones con una estructura más elegante. Como acostumbro a hacer, primero os pongo el ejemplo en código y después os explico su estructura y funcionamiento:

```cpp
#include <iostream>
#include <string>

using namespace std;

int miEntero;

int main()
{
    int miEntero = 5;

    switch(miEntero){
        case 1 : cout << miEntero << " es igual a 1" << endl;
            break;
        case 2 : cout << miEntero << " es igual a 2" << endl;
            break;
        case 3 : cout << miEntero << " es igual a 3" << endl;
            break;
        case 4 : cout << miEntero << " es igual a 4" << endl;
            break;
        case 5 : cout << miEntero << " es igual a 5" << endl;
            break;
        default : cout << miEntero << " no es ni 1, ni 2, ni 3, ni 4, ni 5" << endl;
    }
    return 0;
}
```

Ya que en el punto de condiciones use Java como lenguaje de ejemplo aquí usaré C++.

Lo primero para poder entender cómo funciona el **switch** es tratar de llevar la palabra clave a nuestro idioma. Vamos a traducirlo como "elegir". Una vez dicho esto vamos con todo lo nuevo que vemos en el código.

Vemos 4 cosas nuevas en este pequeño programa: **switch, case, break** y **default**. Veamos que función tiene cada una de estas palabras reservadas.

1.8.1 Switch

El **switch**, como bien he dicho antes, sirve para elegir, pero ¿Elegir el qué? Pues elegir uno de los **case** o **default** que hay entre las llaves del **switch** (como habéis podido observar el **switch** tiene llaves al igual que el **if**).

Como también podemos ver, y algo que también comparte con el **if**, es que después de **switch** se escriben los dos paréntesis. Dentro de ellos va la variable que el propio **switch** va a usar para elegir uno de los **case** o el **default**. También puede tener dentro una operación en vez de una sola variable **switch(a + b)**. En resumen, **switch** elige un **case** en función de una variable.

1.8.2 Case

Los **case** son las opciones entre las que puede elegir el **switch**. En nuestro caso tenemos que hacemos un **switch** a la variable **miEntero** y dentro del **switch** tenemos 5 **case**, cada uno asociado a un número. El **case** tiene la estructura **case X : ' código a ejecutar '**, donde la **X** son los valores con los que queremos comparar la variable que metemos entre paréntesis en el **switch**, es decir, en nuestro ejemplo comparamos **miEntero** con 1, 2, 3, 4 y 5.

Por eso se pone **case** que traducido a nuestro idioma sería "caso", por lo que si ahora traducimos el **switch** y el **case** como hemos hecho con el **if** quedaría:

"Elijo una opción en función de **miEntero**. Tengo los casos: 1, 2, 3, 4, y 5". Como **miEntero** vale 5 y coincide con uno de los valores de uno de los **case**, se ejecutará el código que va después de los **:** de ese **case**. En nuestro caso se imprimirá por pantalla la frase "5 es igual a 5".

Cabe destacar que el que haya puesto los **case** con valores en orden (1,2,3,4,5) no significa que tengan que ir en orden. El siguiente código que os pongo debajo no va en orden y tiene exactamente el mismo resultado:

Otra cosa importante que destacar es que no puede haber dos **case** que contengan el mismo valor, es decir, no podemos tener:

case 5 : ...
break;
case 5 : ...
break;

```cpp
#include <iostream>
#include <string>

using namespace std;

int miEntero;

int main()
{
    int miEntero = 5;

    switch(miEntero){
        case -5 : cout << miEntero << " es igual a -5" << endl;
            break;
        case 25 : cout << miEntero << " es igual a 25" << endl;
            break;
        case 17 : cout << miEntero << " es igual a 17" << endl;
            break;
        case 5 : cout << miEntero << " es igual a 5" << endl;
            break;
        case 1000 : cout << miEntero << " es igual a 1000" << endl;
            break;
        default : cout << miEntero << " no es ni 1000, ni 25, ni 17, ni 5, ni -5" << endl;
    }
    return 0;
}
```

1.8.3 Default

Default funciona como el **else** solo, es decir, si no se cumple ninguna de ls opciones o casos (**case**) que hay encima, se ejecutará el código que hay después de su :. Es importante decir que **default** no es obligatorio ponerlo, puede que solo queramos que se ejecute código si se cumple una de las opciones (**case**) y que no ocurra nada si no se cumple ninguna, pero si se añade el **default** debe ir **siempre** como la última opción, al igual que el **else** solo.

1.8.4 Break

Esta palabra reservada sirve para salir del **switch**, es decir, que cuando entramos en una de las opciones (**case**) se ejecutará su código y cuando llegue a la línea del **break** saldrá por completo del **switch**, es decir, nada de lo que haya debajo del **break** dentro de las llaves del **switch** se ejecutará o comprobará.

```
#include <iostream>
#include <string>

using namespace std;

int miEntero;

int main()
{
    int miEntero = 5;

        switch(miEntero){
            case -5 : cout << miEntero << " es igual a -5" << endl;
                break;
            case 25 : cout << miEntero << " es igual a 25" << endl;
                break;
            case 17 : cout << miEntero << " es igual a 17" << endl;
                break;
            case 5 : cout << miEntero << " es igual a 5" << endl;
                break;
            case 1000 : cout << miEntero << " es igual a 1000" << endl;
                break;
            default : cout << miEntero << " no es ni 1000, ni 25, ni 17, ni 5, ni -5" << endl;
        }
    return 0;
}
```

Se leen, pero no se ejecuta porque no coinciden

Coincide, por lo que se ejecuta su código y el break

Ni se lee ni se ejecuta porque ya se ha ejecutado un break en el case 5

Puede que os preguntéis ¿Es obligatorio usar el **break**? La respuesta es que no. Podemos prescindir de él siempre y cuando nos interese, ya que, si no ponemos **break**, pueden ocurrir varias cosas:

```
#include <iostream>
#include <string>

using namespace std;

int miEntero;

int main()
{
    int miEntero = 5;

        switch(miEntero){
            case -5 : cout << miEntero << " es igual a -5" << endl;
                break;
            case 25 : cout << miEntero << " es igual a 25" << endl;
                break;
            case 17 : cout << miEntero << " es igual a 17" << endl;
                break;
            case 5 : cout << miEntero << " es igual a 5" << endl;

            case 1000 : cout << miEntero << " es igual a 1000" << endl;
                break;
            case 52 : cout << miEntero << " es igual a 52" << endl;
                break;
            case 74 : cout << miEntero << " es igual a 74" << endl;
                break;
            default : cout << miEntero << " no es ni 1000, ni 25, ni 17, ni 5, ni -5" << endl;
        }
    return 0;
}
```

Se ejecutan

En este caso hemos quitado el **break** del **case** que se va a ejecutar y lo que provoca haberlo quitado es que se ejecutará el **case 5** y el **default**.

```
#include <iostream>
#include <string>

using namespace std;

int miEntero;

int main()
{
    int miEntero = 5;

        switch(miEntero){
            case -5 : cout << miEntero << " es igual a -5" << endl;
                break;
            case 25 : cout << miEntero << " es igual a 25" << endl;
                break;
            case 17 : cout << miEntero << " es igual a 17" << endl;
                break;
            case 5 : cout << miEntero << " es igual a 5" << endl;

            case 1000 : cout << miEntero << " es igual a 1000" << endl;

            case 52 : cout << miEntero << " es igual a 52" << endl;
                break;
            case 74 : cout << miEntero << " es igual a 74" << endl;
                break;
            default : cout << miEntero << " no es ni 1000, ni 25, ni 17, ni 5, ni -5" << endl;
        }
    return 0;
}
```

← **Se ejecutan**

En este caso hemos quitado el **break** del **case 1000** también y por ello se ejecutarán el **case 5**, **case 1000** y **case 52**, pero no el **case 74** ni el **default**.

```
#include <iostream>
#include <string>

using namespace std;

int miEntero;

int main()
{
    int miEntero = 5;

        switch(miEntero){
            case -5 : cout << miEntero << " es igual a -5" << endl;
                break;
            case 25 : cout << miEntero << " es igual a 25" << endl;
                break;
            case 17 : cout << miEntero << " es igual a 17" << endl;
                break;
            case 5 : cout << miEntero << " es igual a 5" << endl;

            case 1000 : cout << miEntero << " es igual a 1000" << endl;

            case 52 : cout << miEntero << " es igual a 52" << endl;

            case 74 : cout << miEntero << " es igual a 74" << endl;

            default : cout << miEntero << " no es ni 1000, ni 25, ni 17, ni 5, ni -5" << endl;
        }
    return 0;
}
```

Se ejecutan

Y en este último ejemplo he quitado todos los **break** a partir del **case 5** y como resultado se ejecutarán todos los **case** inferiores y el **default**.

Podemos sacar como una especie de regla que una vez se ejecute un **case**, si no tiene **break** se ejecutarán los **case** que tenga debajo hasta que uno de esos **case** tenga un **break**, ya que como he dicho el **break** rompe el **switch** y hace que no se lea ni ejecute nada más dentro de él.

También cabe destacar que no solo podemos hacer **switch** en función de un entero, también podemos hacerlo en función de un **char**, **string**, **bool**…

El único problema es que el **switch** en función de un **string** no funciona en C++, pero en Java sí. Lo que si que comparten ambos lenguajes es que el **switch** no funciona con **double** o **float** Os dejo un ejemplo de cómo sería en Java con **String**.

```java
package main;

public class Main {

    public static void main(String[] args) {
        String miString = "hola";

        switch(miString) {
        case "adios" : System.out.println(miString + ", adios a ti tambien");
            break;
        case "hola" : System.out.println(miString + ", hola a ti tambien");
            break;
        default : System.out.println(miString + ", pues nada, ni hola ni adios");
        }
    }

}
```

En este caso se imprimiría por pantalla la frase: "hola, hola a ti también".

También es importante saber que podéis poner tantos **case** como vosotros queráis, no hay un límite.

Algo que podemos hacer para dejar más claros los **case** es encerrar su código con {}. Quedaría **case 1 : { … }** y así para cada **case**. De esta manera conseguimos individualizar cada **case** e incluso podemos evitar algún fallo a la hora de compilar.

Ahora bien, puede que dentro de cada **case** o de alguno en particular queramos tener condiciones, ¿Es posible? Pues sí lo es. Dentro de los **case** podemos meter **if**, **if/else** e **if/else if / … / else** y hasta podemos meter otro **switch** o los que queramos.

Y efectivamente dentro de **if**, **if/else** e **if/else if / ... / else** es posible meter un **switch** o todos los que queremos. Es una gran ventaja ya que todos los bloques se pueden combinar entre sí.

1.9 BUCLES

Con este punto entramos en el segundo bloque de elementos principales y presentes en casi todos los programas que se escriben.

Los bucles son realmente útiles ya que nos permiten repetir unas mismas líneas de código el número de veces que nosotros queramos. Imaginaos que por alguna razón queremos realizar la operación **miEntero += 5;** unas cien veces. Sería una locura escribir cien veces esa línea de código. Por eso mismo están los bucles, porque nos permiten configurarlos para que escribiendo una sola vez dicha línea de código dentro del bucle, se repita las veces que queramos.

Hay dos tipos de bucles: **for** y **while**. Realmente **for** tiene dos formas de escribirse pero eso lo veremos un poco más adelante cuando veamos **arrays**, ya que es más útil y fácil de entender con ellos. **while** también tiene una variante que veremos a continuación.

Empezaremos explicando el **while** ya que su estructura es algo más sencilla que la del **for**.

Como siempre, un ejemplo visual y explico tanto la estructura como su funcionamiento, esta vez en Java:

```java
package main;

public class Main {

    public static void main(String[] args) {
        int contador = 0;

        while(contador < 3) {
            contador++;
        }

        System.out.println(contador);
    }

}
```

Como podéis observar, todos estos bloques que vamos viendo tienen algo en común, y es que llevan a su derecha unos paréntesis con una comparación que se debe cumplir y unas llaves con código para ejecutar, y por supuesto para los bucles no iba a ser diferente.

Vamos a traducir el **while** como: "mientras que" y la estructura completa la traducimos como: "mientras que la comparación se cumpla, ejecuto el código de las llaves".

¿Qué está ocurriendo en nuestro ejemplo? Pues muy sencillo. Lo que hace el bucle es incrementar en una unidad nuestro **contador** hasta que valga 3, en el momento que valga 3, el bucle parará, pero ¿Cómo funciona realmente?

El bucle va a tener X ciclos y esos X ciclos los definimos con la comparación de dentro de los paréntesis. Durante el tiempo que se ejecuta el bucle, todo lo que esté después de las llaves que cierran el bucle no se ejecutará. Vamos a ver un esquema con los ciclos de nuestro ejemplo:

Antes de entrar nuestro **contador** valía 0. Llegamos al bucle por primera vez.

El ordenador lee el **while** y se pregunta ¿**contador** es menor que 3? Como la respuesta es que sí, entra al bucle:

Primer ciclo:

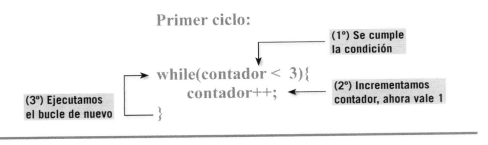

Segundo ciclo:

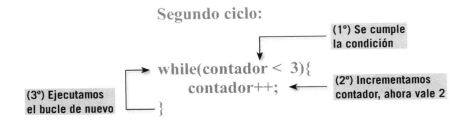

Tercer ciclo:

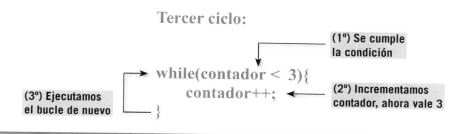

Cuarto ciclo:

Espero que con este pequeño esquema haya quedado claro como funciona el bucle **while**, pero por si acaso voy a explicarlo de palabra:

En el primer ciclo el ordendaor al leer la palabra reservada **while** comprueba si la comparación que lleva entre paréntesis se cumple. Si no se cumple ocurriría el **cuarto ciclo**, es decir, no se lee ni ejecuta lo de dentro de las llaves. Si se cumple la comparación, entonces entramos a ejecutar lo que lleva dentro de las llaves y una vez llegue a la línea donde se encuentra su } (llave de cerrar) volverá a comprobar si la condición se cumple, de nuevo, si se cumple se repite el ciclo que acabo de explicar y si no se cumple se acaba el bucle.

Poco a poco, mediante ejemplos y ejercicios iréis viendo la gran importancia que tienen los bucles y realmente útiles que son.

Visto cómo funciona el bucle **while**, vamos a ver esa variante que os comenté al principio del punto. Es la llamada estructura **do-while**. Vamos a ver un ejemplo y como siempre explico su estructura y funcionamiento:

```
package main;

public class Main {

    public static void main(String[] args) {
        int contador = 0;

        do {
            contador++;
            System.out.println(contador);
        }while(contador < 3) ;
    }

}
```

Como podéis ver, ahora ha aparecido un **do** con llaves y al **while** le han desaparecido las suyas y se han sustituido por un **;**. El funcionamiento es el mismo que en **while** solo que el orden está invertido, es decir, primero se ejecuta el código dentro de las llaves del **do** y después se comprueba si la comparación se cumple dentro del **while**. **do** no tiene nada de especial, simplemente significa "haz" y la estructura traducida sería "haz lo que hay entre mis llaves mientras se cumpla la comparación del **while**".

La diferencia entre **while** y **do-while** radica en que si con un **while** la comparación no se cumple, su código jamás se ejecutará, en cambio, si en un **do-while** la comparación de su **while** no se cumple, el código del **do** se ejecutará una vez ya que el código se ejecuta antes de hacer la comprobación de si la comparación en el **while** es correcta.

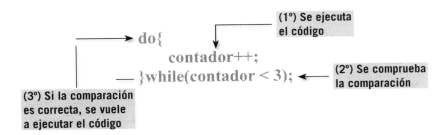

Visto el **while** y el **do-while** paso a explicar el bucle **for**, el cual tiene una estructura muy distinta a lo que hemos visto hasta ahora. Voy directamente con el ejemplo y explico sobre él.

```
package main;

public class Main {

    public static void main(String[] args) {
        int contador = 0;

        for (int i = 0; i < 3; i++) {
            contador++;
        }

        System.out.println(contador);
    }

}
```

Como podéis ver tiene tres partes dentro de los paréntesis separadas por ;. Traducir el **for** a nuestro idioma sin traducir su estructura no tiene mucho sentido así que traduciré directamente su estructura: "Para un entero **i** que vale al inicio 0, mientras que **i** sea menor que 3, incrementamos **i**".

Esta es la estructura más genérica. También podemos tener en vez de un **int i** un **double i** o el tipo de variable que necesitemos.

Su funcionamiento, aunque la estructura parezca compleja, es sencillo. Primero declaramos una variable en torno a la que hacer los ciclos, en este caso nuestro **int i**. Después le damos la comparación que debe hacer durante todo el bucle y finalmente cómo queremos que se incremente o decremente la variable **i**. Después de hacer todo esto por primera vez, entramos al código de las llaves. Cuando lee la línea donde está } vuelve a la línea del **for** y digamos que "ignora" la parte en la que se declara **int i = 0**. Simplemente comprueba si la condición se cumple o no y si debe incrementar o decrementar la variable o no.

Vamos con un pequeño esquema como con el del **while**:

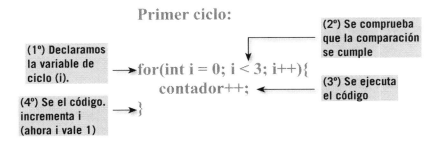

Primer ciclo:

(1º) Declaramos la variable de ciclo (i).

(2º) Se comprueba que la comparación se cumple

(3º) Se ejecuta el código

(4º) Se el código. incrementa i (ahora i vale 1)

for(int i = 0; i < 3; i++){
    contador++;
}

Segundo ciclo:

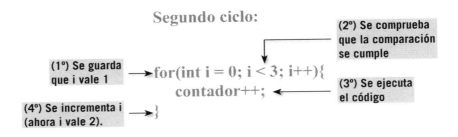

(1º) Se guarda que i vale 1 → `for(int i = 0; i < 3; i++){`

(2º) Se comprueba que la comparación se cumple

`contador++;` ← **(3º) Se ejecuta el código**

(4º) Se incrementa i (ahora i vale 2). → `}`

Tercer ciclo:

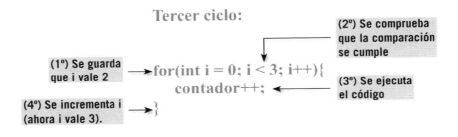

(1º) Se guarda que i vale 2 → `for(int i = 0; i < 3; i++){`

(2º) Se comprueba que la comparación se cumple

`contador++;` ← **(3º) Se ejecuta el código**

(4º) Se incrementa i (ahora i vale 3). → `}`

Cuarto ciclo:

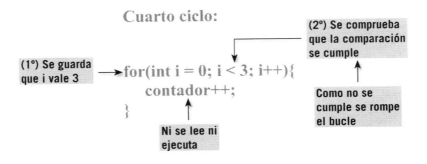

(1º) Se guarda que i vale 3 → `for(int i = 0; i < 3; i++){`

(2º) Se comprueba que la comparación se cumple

`contador++;`

`}`

Ni se lee ni ejecuta

Como no se cumple se rompe el bucle

Como podéis ver el funcionamiento es similar al **while** solo que tiene una estructura diferente.

Puede que ahora os preguntéis ¿Y cuál es mejor o más útil? ¿Hay alguna ventaja en usar uno u otro?

Lo cierto es que uno no es mejor que otro. Cada uno se usa cuando mejor nos convenga o podemos usar el que nos haga sentir más cómodos. Y no hay ventajas entre ellos ya que hacen lo mismo, nuevamente depende de la situación y con cual os manejéis mejor. El saber cuál elegir en cada momento solo se consigue a base de hacer muchos ejemplos y ejercicios o experimentando vosotros mismos con cosas que se os ocurran.

Como dije en el bloque de las condiciones y el **switch**, todos se pueden combinar entre sí y los bucles no son una excepción. Podemos juntar un **while** con un **if**, **if/else**… (o todos los que queramos), un **while** con un **switch** (nuevamente, o todos los que queramos) y lo mismo para el **for**. Y por supuesto podemos meter uno o varios **for** dentro de otro **for** y lo mismo para el **while** o combinar el **for** con el **while**, pero **OJO**, hay que tener cuidado al juntar varios bucles ya que eso afecta a la eficiencia ¿Y por qué? Pues porque un bucle tiene coste de eficiencia N, es decir, si tiene cinco ciclos, su coste será de 5, si tiene 1000, su coste será de 1000. El problema viene cuando tenemos un **for** dentro de otro **for**, en ese caso su coste de eficiencia pasa a ser N^2. Con los ejemplos anteriores tendríamos que el primero vale 5^2, es decir, 25, que no es tanto, pero 1000^2 ya si es un problema. La cosa es que podemos meter tantos **for** dentro de otros como queramos, de tal manera que cada **for** que metamos aumenta en uno el número al que elevamos N, tres **for** N^3, cinco **for** N^5…

Esto mismo también se aplica para el **while**. Aunque esto parece algo muy malo muchas veces es totalmente inevitable. Hay veces que hay que meter uno o varios **for** dentro de otros o lo mismo para el **while**. Y realmente uno o dos bucles anidados (varios bucles unos dentro de otros) no son un problema. Veremos cómo usar bien los bucles anidados en el siguiente punto que trabajaremos con vectores y matrices.

Hay una cosa más que quiero explicar antes de acabar el punto de los bucles. Si recordáis, en el punto del **switch** vimos la palabra reservada **break**. Servía para romper el **switch** y salir de él. Pues en el caso de los bucles es exactamente igual. Si el bucle entra a ejecutar el código de las llaves y lee un **break** da igual los ciclos que le queden por ejecutar que el bucle acabará inmediatamente:

```
package main;

public class Main {

    public static void main(String[] args) {
        int contador = 0;

        for (int i = 0; i < 10; i++) {

            if(contador == 5) {
                break;
            }

            contador++;
        }

        System.out.println(contador);
    }

}
```

En este ejemplo queremos que cuando **contador** llegue a valer 5, no se incremente más, así que una opción es romper el bucle de manera bruta como esta. Aunque también hay otras formas de hacer que no se incremente más:

```
package main;

public class Main {

    public static void main(String[] args) {
        int contador = 0;

        for (int i = 0; i < 10; i++) {

            if(contador < 5) {
                contador++;
            }

        }

        System.out.println(contador);
    }

}
```

De esta manera cuando **contador** valga 5, no se incrementará más.

También debo decir que el valor inicial que demos al **int i** puede ser el que queráis y que obviamente no tiene por qué llamarse **i**, pero por convención se hace así. Otra cosa importante es que no solo podemos incrementar de uno en uno, podemos hacer **i += 17** si queremos o incluso **i *= 5** o con divisiones o lo que nosotros queramos o necesitemos según el problema.

Por supuesto, al ser un bloque principal en la programación, la sintaxis de los bucles es igual para C++.

EJERCICIOS

---

7. Hacer un programa que haga la tabla de multiplicar del 3 de manera que se imprima por pantalla "3 x i = n", siendo i cada número de 0 a 10 y n el resultado de la multiplicación

8. Hacer un programa en el que introducimos un número por teclado y se imprime por pantalla dicho número elevado desde 0 hasta 10. En Java usad **Math.pow(2, 4);** que eleva 2 a 4 (16), el primero número es el que vamos a elevar y el segundo el número al que lo elevamos. En C++ hay que incluir la librería cmath y poner **pow(2, 4)**, pero con los valores necesarios.

9. Hacer un programa que acepte un numero introducido por teclado que decida (e imprima por pantalla) si dicho número es primo o no.

10. Hacer un programa que escriba los número impares que hay entre 0 y 50 y cuántos números son.

11. Hacer un programa que dibuje por pantalla la siguiente figura:

12. Hacer un programa que escriba la suma de los 100 primeros números

13. Hacer un programa que imprima por pantalla "Escribe `s` para salir o ´c´ para continuar en el bucle". Después se nos pedirá que introduzcamos por teclado una letra. Si es una 's' entonces saldremos del bucle, si es una 'c' se escribirá por pantalla "sigues en el bucle".

1.10 ARRAY O VECTORES

Entramos a ver otro de los grandes bloques dentro de la programación. Esta vez no son como los bloques anteriores ya que no son estructuras en si mismos, si no que son un tipo especial de variables que nos permiten almacenar mucha información. En el título veis que pone **array** o **vectores**, eso es porque son lo mismo, aunque yo por convenio los llamaré principalmente **array**.

Antes de empezar a explicar esto en programación voy a hacer una explicación de que es un **vector** en matemáticas, ya que puede que no todo el mundo sepa qué es un **vector**.

En matemáticas un **vector** es una magnitud física que se caracteriza por tener un módulo (longitud) y una dirección (orientación). Realmente para lo que necesitamos saber, la definición no nos ayuda en absoluto ya que es un concepto muy matemático y se aleja de lo que vamos a usar en programación.

Un **vector** en matemáticas es esto (5, 6, 7, 10), es decir, un conjunto de números entre paréntesis separados por comas, donde cada posición (en este caso 4 posiciones) representa una coordenada (x, y, z, w). ¿Y de qué nos sirve esto? Bueno en matemáticas se suelen usar mucho los vectores de dos y tres componentes para representar puntos en el plano (x, y) y para representar puntos en el espacio (x, y, z), pero de todo esto que he dicho debemos quedarnos con una cosa: **un vector almacena datos en cada una de sus coordenadas**. En el caso del **vector** que he puesto de ejemplo almacenamos 4 datos, x = 5, y = 6, z = 7, w = 10. O también podemos verlo como:

posición 0 (x) = 5, posición 1 (y) = 6, posición 2 (z) = 7 y posición 3 (w) = 10

y así es como lo vamos a ver en programación, con la posición en la que se encuentra cada dato. ¿Y por qué empezar desde el cero? En programación a la hora de hacer cualquier cuenta, bucle se suele empezar desde cero y para los **arrays** es importante empezar desde cero.

Una vez explicado un poco de que van los **vectores** en matemáticas vamos a ver lo que de verdad nos interesa, que es ver como funcionan los **arrays**.

Como he dicho un **array** es una variable que almacena varios datos. Puede almacenar uno o dos o los que queramos, pero es muy importante que solo puede almacenar datos **de un mismo tipo**, es decir, si tenemos un **array** de enteros, solo podemos meter enteros, si tenemos un **array** de **String** solo podemos meter **String**.

Vamos a ver un ejemplo en C++, ya que es algo más sencillo, explico su estructura y funcionamiento y una vez entendido vemos como es en Java:

```cpp
#include <iostream>
#include <string>
#include <math.h>

using namespace std;

int main(){
    int miArray[5] = {4, 12, -1, 3, 6};
    for(int i = 0; i < 5; i++){
        cout << miArray[i] << endl;
    }
    return 0;
}
```

Aquí vemos un ejemplo muy básico de uso de **arrays** en el que creamos uno y después con ayuda de un bucle visualizamos por pantalla sus componentes.

Denotaremos como **componentes** a cada uno de los datos que almacena el **array**. Como podéis ver la estructura del **array** es similar a declarar un **int**. Primero ponemos el tipo, después su nombre y después del nombre [x]. Estos corchetes y la **x** representan el número de componentes que va a tener el **array**, es decir, la cantidad de datos que va a tener el **array** y la **x** representa ese número en concreto, en nuestro caso 5. Después vienen las llaves y si os dais cuenta, vienen 5 números separados como en un **vector**. Eso es, cada número de dentro de las llaves hace referencia a una de las 5 posiciones del **array**. Pero no os confundáis ahora, si recordáis os he dicho que en los **arrays** es importante saber que la primera posición es el cero, bueno pues es porque un **array** de 5 componentes no tiene las posiciones 1, 2, 3, 4 y 5, si no que tiene las posiciones 0, 1, 2, 3 y 4. Efectivamente la posición 0 existe y se usa. El número de componentes que le damos a un **array** es **FIJO**. Una vez dado no se puede cambiar (al menos con lo que sabemos ahora).

Ya hemos visto un poquito como funciona el **array** así que vamos a ver qué es la parte del **for**. Vemos que en el **cout** aparece **miArray[i]** ¿ Qué narices es eso? Bueno pues es muy sencillo. Vamos a hacer un pequeño dibujo de la estructura del **array** que os ayudará más aún a entender como funciona y qué es:

Vamos a imaginarnos el array como justo lo de debajo. Como podéis ver tiene justo los datos de nuestro ejemplo. Puede que tal cual está ahora no entendáis que ocurre así que voy a añadirle más información.

4	12	-1	3	6

Bueno pues debajo de este párrafo tenemos lo mismo pero con más información ¿Y qué información? Pues efectivamente las posiciones del **array**.

0	1	2	3	4
4	12	-1	3	6

Con estos datos ya podéis figuraos de qué va el código del **for**. Si recordáis el **for** hace varios ciclos en función de un **int i** que va cambiando, en este caso cambia desde 0 hasta 4, que justamente son todas las posiciones del **array**. Por tanto lo que hace su código es imprimir por pantalla cada uno de los datos del **array**.

Hemos visto una de las formas de darle valores a un **array**, que es con las llaves y meter datos, pero no es la única. Si nosotros queremos tener un **array** "vacío" y lo pongo entre comillas porque no está vacío, si no lleno de valores aleatorios (En C++ al menos), debemos hacer **int miArray[5];** y con eso tendríamos un **array** de 5 componentes. Cabe destacar que los valores de las diferentes posiciones **SE PUEDEN REPETIR**. Pero existe otra manera de dar valores a un **array** y es dárselo componente a componente y se puede hacer de manera manual o automática. Vamos a verlo en código:

```
#include <iostream>
#include <string>
#include <math.h>

using namespace std;

int main(){
    int miArray[5];
    for(int i = 0; i < 5; i++){      →  Automática
        miArray[i] = i*i;
    }

    string miArrayString[5];
    miArrayString[0] = "hola";       →  Manual
    miArrayString[2] = "adios";
    return 0;
}
```

En este código definimos dos **arrays**, uno de enteros y otro de **strings**. Vamos primero con la automática.

Como he dicho antes, el bucle **for** dará valores a **i** desde 0 hasta 4, justo nuestras posiciones del **array** y lo que hará es asignar a cada posición un valor, en este caso el cuadrado de **i** de tal manera que nos quedará esto:

0	1	2	3	4
0	1	4	9	16

Y si ahora quisiésemos acceder al dato que vale 9 por ejemplo, haríamos **miArray[3]** ya que vale 9, es decir, si queremos hacer

int valorDeArray = miArray[3];, valorDeArray valdrá 9.

Veamos la manual. Como podéis ver solo le hemos dado dos valores. A las posiciones 0 y 2 ¿Y por qué a esas? Por nada en especial, dos al azar. ¿Y qué pasa si no le das valor a todas las componentes? Pues no pasa nada, a las que no les des un valor se les asigna uno por defecto, en los **int**, **double**… se les asigna 0, en los **string**, **char** se les asigna un "espacio en blanco". Podéis visualizar las 5 componentes de **miArrayString** para que veáis lo que os digo. Este segundo **array** quedará así:

0	1	2	3	4
hola		adios		

Visto y dicho que no es necesario dar valores a todas las componentes de un **array** es muy importante que no asignéis datos a posiciones mayores o iguales al máximo de componentes del **array**, es decir, en nuestro ejemplo que el máximo es 5, no podemos hacer **miArray[5] = 4;** o **miArray[17] = 1;**.

Esto está mal y os dará un error ya que estaréis haciendo algo como esto:

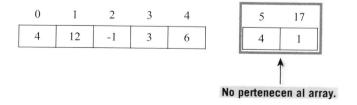

No pertenecen al array.

Con este simple código la liaríamos mucho ya que nos dará un número aleatorio en la última posición ya que este **for** va desde 0 hasta 5, pero nosotros no tenemos posición 5 en el **array**. Veremos que es lo que ocurre en Java cuando hagamos esto:

```cpp
#include <iostream>
#include <string>
#include <math.h>

using namespace std;

int main(){
    int miArray[5];
    for(int i = 0; i <= 5; i++){
        miArray[i] = i*i;
        cout << miArray[i] << endl;
    }
    return 0;
}
```

Si por casualidad aún no os ha quedado claro cómo quedan asignados los datos a sus respectivas posiciones, voy a poneos una pequeña tabla de asignación para intentar que os quede más claro:

Posición	Valor
0	4
1	12
2	-1
3	3
4	6

Es decir, a la posición 0 le corresponde el valor 4, por lo tanto **miArray[0]** vale 4, a la posición 1 le corresponde el valor 12, por lo tanto **miArray[1]** vale 12…

Hasta aquí todo es compartido con los **arrays** de Java excepto la declaración y asignación de valores. La forma de acceder a los valores es igual que en C++.

Como siempre, vamos con el ejemplo:

```
package main;

public class Main {

    public static void main(String[] args) {
        int[] miArray = {4, 6, 7, -1, 2};

        for (int i = 0; i < miArray.length; i++) {
            System.out.println(miArray[i]);
        }
    }

}
```

Si os fijáis bien los **[]** han cambiado de posición y ya no llevan dentro un número, pero vemos que si se comparte la asignación mediante **{}**. Java al hacer esta asignación de valores, al crear el **array** en memoria deduce su tamaño a partir de la cantidad de valores que le asignemos (C++ también puede hacer esto). El problema en Java es que si asignamos así los valores no podemos poner un número entre los corchetes, porque nos dará un error.

¿Y por qué da error si hacemos eso? Bueno eso es algo relacionado con lo que vamos a ver justo ahora y tiene que ver con la programación orientada a objetos así que por el momento pasaremos de los tecnicismos y nos centraremos en entender como se crean **arrays** en Java.

La otra forma de dar valores a las componentes de un **array** es hacerlo como hemos visto en C++, de manera manual o automática. El problema es que si hacemos esto:

> **int[] miArray;**
> **miArray[0] = 3;**
> **miArray[1] = -2;**
> **...**

Al ejecutar el código, en la consola nos aparecerá esto:

```
Exception in thread "main" java.lang.Error: Unresolved compilation problems:
    The local variable miArray may not have been initialized
    The local variable miArray may not have been initialized

    at main.Main.main(Main.java:8)
```

Que lo que significa es que no hemos creado el **array** y por tanto no podemos usarlo. Incluso antes de darle a compilar, Java nos avisa de que va a haber un error:

```
for (int i = 0; i < miArray.length; i++) {
    System.out.print
}                    [☒ The local variable miArray may not have been initialized]
                     1 quick fix available:
                        ⟡ Initialize variable
                                                        Press 'F2' for focus
```

¿Cómo solucionamos este error? Pues hay dos opciones, una de ellas ya la hemos visto, es darle valores con las llaves. La otra os la muestro a continuación:

```
package main;

public class Main {

    public static void main(String[] args) {
        int[] miArray = new int[5];

        for (int i = 0; i < miArray.length; i++) {
            miArray[i] = i * i;
        }
    }

}
```

Es lo que está marcado con un rectángulo blanco. Si recodáis ya vimos el **new** en Java. Lo usamos para crear el **Scanner**. Nuevamente, si recordáis servía para reservar espacio en la memoria y lo que hacemos aquí es reservar espacio en la memoria para 5 números enteros. Bueno pues una vez hecho esto ya tenemos nuestro **array** listo para su correcto uso y podremos trabajar con el como hacíamos en C++.

Eso que véis en el **for** de **miArray.length** es lo mismo que poner 5 o la cantidad de componentes que le hayamos dado en los **[]** al **array**, como bien dice, es la longitud del **array**, o sea, su tamaño.

Como os he dicho antes, en Java pasa algo especial si decidimos meter un dato en una posición que no existe. Ocurre lo siguiente:

```
Exception in thread "main" java.lang.ArrayIndexOutOfBoundsException: 5
        at main.Main.main(Main.java:9)
```

Esto es lo que se llama una **excepción**. Creo que vimos una cuando expliqué el **Scanner**. Lo que hace es capturar los diferentes tipos de errores y en este caso lo que captura es que hemos ido a dar un dato a una posición que se sale del **array**. Esto C++ no lo hace y las excepciones muchas veces nos ayudan a saber donde nos estamos equivocando, ya que si pulsáis sobre **Main.java:10** o el nombre que os salga a vosotros, os lleva justamente a la línea donde se encuentra el error que ha producido la excepción.

Hay una cosa más que es importante que sepáis ya que os puede ser útil y además es algo curioso.

Los **Strings** tanto en C++ como en Java se pueden considerar como **arrays** de pequeños **Strings** de un carácter. ¿Qué quiere decir esto? Que podemos acceder a los caracteres de un **String** como si fuesen un **array**. Vamos a verlo:

Supongamos que tenemos (en C++ porque en Java es diferente):

String palabra = "buenos días";

Bueno pues se puede pensar de esta otra manera

0	1	2	3	4	5	6	7	8	9	10
b	u	e	n	o	s		d	i	a	s

Podemos verlo como un **array** de 11 componentes, de tal manera que si hacemos **palabra[1]** su valor sería un **String** "u", si hacemos **palabra[6]** su valor sería un **String** " "...

Esto es muy útil si queremos, por ejemplo, saber cuántas letras tiene un **String**.

Es muy importante que entendáis bien los **arrays** no solo para el siguiente punto, si no para la programación en general ya que se utilizan muchísimo.

He dicho que en Java era diferente y así es. No podemos hacer **palabra[1]**, si queremos acceder al carácter en la posición 1, hacemos **palabra.charAt(1)** y eso nos devuelve lo mismo que **palabra[1]** en C++

 NOTAS

Los bucles y los arrays se llevan muy bien.

EJERCICIOS

14. Hacer un programa que acepte un **String** por teclado. Por la salida queremos que nos diga cuantas letras tiene (contando espacios en blanco si es que los tiene). Usad **getline(std::cin, c);** en C++ para obtener el **string**, donde **c** es la variable **string** a introducir.

15. Hacer un programa que acepte un **String** por teclado. Por la salida queremos que nos diga cuantas letras tiene (sin contar espacios en blanco).

16. Hacer un programa que acepte un **String** por teclado. Por la salida queremos que nos diga cuantas letras 'a' tiene.

17. Hacer un programa que acepte varios números por teclado hasta llegar a un 0, cuando llegue a un 0 no pedirá más y nos mostrará por pantalla el mayor de los números introducidos (Como máximo 10, contando el 0).

18. Hacer un programa que acepte varios números por teclado hasta llegar a un 0, cuando llegue a un 0 no pedirá más y nos mostrará por pantalla la suma de todos los números metidos por teclado (Como máximo 10, incluido el 0).

19. Hacer un programa simule un torneo de baloncesto. Primero se pedirá que se introduzca por teclado 8 nombres de equipos diferentes. Después de meterlos, se emparejaran (1º con 2º, 3º con 4º, 5º con 6º y 7º con 8º) por pantalla de esta manera:

    Primera ronda
    1. equipo1 – 2. equipo2:
    1. equipo3 – 2. equipo4:
    1. equipo5 – 2. equipo6:
    1. equipo7 – 2. equipo8:

Después de cada : se debe introducir un número por teclado, que debe ser 1 o 2. Si escribimos 1 gana el equipo de la izquierda y si escribimos 2 el   de la derecha. Después de la primera ronda y de meter todos los ganadores aparecerán el ganador del partido 1 contra el del 2 y el del 3 contra el del 4 de esta manera (supongamos que ganan, en este orden, equipo1, equipo3, equipo 6 y equipo 7):

    Segunda ronda
    1. equipo1 – 2. equipo3:
    1. equipo6 – 2. equipo7:

Y, nuevamente, después de **:** metemos por teclado 1 o 2 dependiendo de quién gane (supongamos que equipo1 y equipo 6).

Tercera ronda
1. equipo1 – 2. equipo6:

Metemos por teclado quién gana y finalmente (supongamos que gana el 6):

Ganador: equipo6

Este último ejercicio es más complicado que los anteriores ya que mezcla todo lo visto hasta ahora.

1.11 MATRICES

Para este apartado es importante haber entendido bastante bien el anterior, ya que la base de este punto son los **arrays**.

Como puede que muchos no hayáis empezado a manejar matrices o puede que ni si quiera sepáis lo que es una, voy a dar pequeña explicación de lo que son.

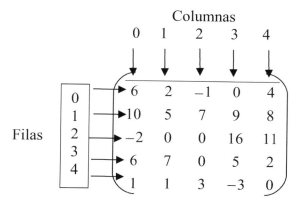

Esto que acabamos de ver es una matriz, en nuestro caso es una 5 x 5, es decir, 5 filas por 5 columnas = 25 números en total.

En matemáticas las matrices son muy importantes ya que sirven para almacenar datos, representar magnitudes o algún tipo de coordenadas.

Podemos acceder a las componentes de una matriz mediante sus coordenadas. Si queremos acceder al 16, su fila es la 2 y su columna es la 3, por lo tanto sus coordenadas son 2,3 dentro de la matriz. Aplicaremos este concepto a la hora de acceder a los datos cuando programemos.

Nosotros en programación las usaremos para guardar datos (al igual que con los **arrays**). Vamos a ver un ejemplo de matrices primero en Java:

```java
package main;

public class Main {

    public static void main(String[] args) {
        int[][] miMatriz = new int[4][3];

        miMatriz[0][0] = 25;
        miMatriz[0][1] = 24;     filas
        miMatriz[0][2] = 26;
                                 columnas

        miMatriz[1][0] = 27;
        miMatriz[1][1] = 20;
        miMatriz[1][2] = 23;

        miMatriz[2][0] = 30;
        miMatriz[2][1] = 28;
        miMatriz[2][2] = 24;

        miMatriz[3][0] = 31;
        miMatriz[3][1] = 30;
        miMatriz[3][2] = 27;
    }

}
```

Os pongo en situación del ejemplo. Esto es un "registro" de los alumnos que hay en cada clase de los 4 cursos de la E.S.O., para los que no tengan el ciclo formativo como aquí en España, simplemente son 4 cursos que hay que hacer obligatoriamente. En nuestro caso, las filas representan los 4 cursos y las columnas tres clases: A, B, C. Suponemos que es un colegio con tres clases solo por curso.

Tenemos algo así:

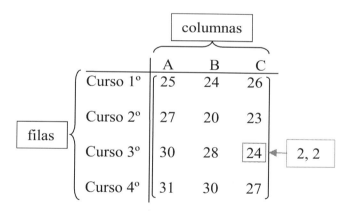

	columnas		
	A	B	C
Curso 1°	25	24	26
Curso 2°	27	20	23
Curso 3°	30	28	24
Curso 4°	31	30	27

Si ahora transformamos este esquema en matriz:

Ahora ya tenemos la matriz y visualizamos que es cada cosa. Si por ejemplo cogemos las coordenadas 2,2 sabemos que estamos obteniendo que en la clase C del tercer curso hat 24 alumnos.

Realmente lo más importante de este punto de las matrices es saber como funciona un **array** unidimensional (los **arrays** normales que hemos visto) porque las matrices o **arrays** bidimensionales se basan en los básicos.

De momento para este apartado dejo sin proponer ejercicios ya que son un poco largos y engorrosos de hacer si no usamos funciones en el siguiente punto.

Vistas las matrices, he de deciros que no solo pueden ser de dos dimensiones ([][]), si no que podemos tener **arrays multidimensionales**, con todos los [] que nosotros queramos, podemos tener por ejemplo **int[][][]**, o **int[][][][][]**, pero debemos usarlos siempre sabiendo que es cada [] dentro de nuestro código.

1.12 FUNCIONES

Entramos, nuevamente, en otro de los bloques fundamentales dentro de la programación, las funciones. Como siempre, podemos ver esto primero desde el punto de las matemáticas. En ellas, una función es una relación entre dos conjuntos, y todos hemos visto funciones en matemáticas, como pueden ser **f(x) = x + 1** donde **x** puede valer lo que nosotros queramos y dando valores obtenemos diferentes resultados.

En programación las funciones son algo similar ya que hacen algún tipo de operación por nosotros. Tenemos dos tipos de funciones, las que devuelven algo y las que no devuelven nada (**void**).

¿A qué me refiero con devolver o no devolver? Bueno si vemos la función anterior **f(x) = x + 1**, si sustituimos la **x** por un 3 obtenemos un resultado, en este caso 4. Eso mismo significa que devuelve algo, la función anterior, al pasarle como parámetro un 3, nos ha devuelto como resultado un 4.

Desde el punto de vista matemático las funciones **void** no tienen muchos sentido ya que una función matemática nos da un resultado al final, pero en programación son muy útiles.

Las funciones sirven para varias cosas y son muy útiles. Por lo general las usaremos para almacenar piezas de código que realizan algún tipo de operación en específico que, o vamos a repetir varias veces, o tienen una cantidad de código considerable, por tanto, también nos sirven para tener el código más ordenado.

Pero desde luego la estructura en el código no tiene nada que ver con la estructura que tiene en matemáticas. Vamos a ver un ejemplo de una función que devuelve un resultado y después veremos del tipo **void**. Cabe destacar que una función que devuelve un resultado puede devolverlo de cualquier tipo, podemos tener funciones que devuelvan **int**, **float**, **char**, **String**, **boolean**, **int[]**, **boolean[] []**…

Primero lo haremos en Java ya que en C++ dependiendo de donde hagamos las funciones hay que escribir más o menos líneas:

```java
package main;

import java.util.Scanner;

public class Main {

    public static void main(String[] args) {
        System.out.println("Escribe el valor de x para f(x) = x + 1: ");
        Scanner sc = new Scanner(System.in);

        int resultado = f(sc.nextInt());
        System.out.println("El resultado es: " + resultado);
    }

    public static int f(int x) {
        return x + 1;
    }
}
```

Bueno, como podéis ver hay varias cosas nuevas. Vamos a centrarnos primero en lo marcado en la foto.

Eso que vemos en el recuadro naranja, es la función. He cogido el ejemplo que os he puesto arriba para que vayamos sobre una base que ya he explicado, pero no os preocupéis que vamos a ver varios ejemplos de funciones para que entendáis como funcionan lo mejor posible.

Antes de eso, voy a explicaros dónde se deben poner las funciones en Java cuando lo hagamos en la clase principal, es decir, donde tengamos la función **public static void main(String[] args){}**.

No podemos ponerlas en cualquier lado, deben estar dentro de las llaves marcadas con círculos verdes y fuera de las llaves marcadas con círculos naranjas. Es decir, las funciones deben estar dentro de la **public class** pero no podemos declarar y escribir el esqueleto de una función dentro de otra. Ahora, si que podemos usar unas funciones dentro de otras. Os explicaré esto mismo un poco más adelante en este punto ya que puede que esto os haya liado. De momento vamos a ver la función del ejemplo.

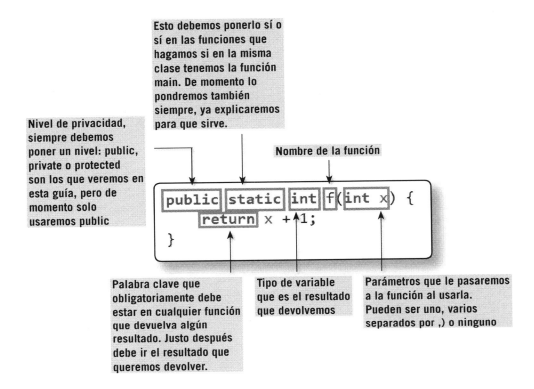

Lo que os he anotado arriba es un pequeño resumen de que es cada parte de la función. Echadles un vistazo para que tengáis una idea básica y vamos a ver que es cada cosa en profundidad (lo que podamos de momento al menos).

Vamos de izquierda a derecha. **public** nos dice el tipo de visibilidad que tendrá la función, básicamente quiere decir si se podrá ver solo dentro o también fuera de una clase, como podéis imaginar esto lo dejamos para más adelante, aunque como os he anotado, de momento usaremos **public** y no las otras dos que os he comentado. En particular, como su nombre indica, **public** hace que la función pueda verse desde fuera de la clase (para quién tenga curiosidad).

Como también os he dicho, **static** lo dejaremos para más adelante ya que tiene una complejidad más profunda y donde más se usa es en programación orientada a objetos.

Vemos el siguiente recuadro, **int**. Esta parte de la función nos da la información acerca de qué tipo de resultado vamos a devolver, que, como os he dicho antes, puede ser de **cualquier** tipo que nosotros queramos de los que hemos visto hasta ahora y veremos en un futuro.

El siguiente recuadro es el nombre de la función. Es importante que le pongamos un nombre adecuado ya que con el nombre que le demos la usaremos después (como podéis ver en el ejemplo). Un buen nombre para las funciones suele ser un resumen muy breve de lo que hace, por lo general no más de 3 palabras, aunque podéis ponerle el nombre que queráis. Tiene las mismas normas que os expliqué para dar nombre a las variables, sin espacios en blanco

Después vemos que vienen () y un **int x** dentro de ellos. Bueno, esto es lo que se llama parámetros. Son un tipo de variables que usaremos para trabajar internamente en la función y que obtendrán un valor al usar la función.

El **return** lo que hace es indicar que lo que vaya a su derecha es lo que se va a devolver (**return** en español significa devolver). No puede haber código debajo de un **return** a excepción de casos particulares que veremos en otros ejemplos. Una vez se lee el **return** se sale de la función, no se ejecuta lo que lleve debajo.

Si escribís este código Java y lo ejecutáis, veréis que al número que metáis por teclado se le suma 1. ¿Qué ocurre? Bueno pues es sencillo.

```
int resultado = f(sc.nextInt());
```

En esta línea de código están ocurriendo muchas cosas. Primero declaramos un **int resultado** y le asignamos el valor que nos va a devolver la función f. Por cierto, así se llama a una función, con su nombre y después (). Si **f** no tuviese parámetros la llamaríamos así **f()**, pero como tiene entre paréntesis metemos esos parámetros. Vamos a fijarnos en el esqueleto de la función (donde os he descrito cada parte). Vemos que el parámetro es de tipo **int** por lo que debemos meterle un número entero ¿Y qué número le metemos? Pues directamente el que introducimos por teclado. Es decir, que si por teclado metemos un 5, tendremos esto **int resultado = f(5);** ya que como hemos metido un 5, el **Scanner** "vale" 5 (lo pongo entre comillas porque no es así exactamente, pero por el momento nos vale). Por tanto, tenemos que vamos a ejecutar el código de la función **f** con parámetro **x** cuyo valor es 5. Vamos a ir paso a paso pues en la función.

Supongamos que estamos ejecutando el código desde el principio. Nos dice que introduzcamos un número, lo hacemos y es el 5. Llegamos al **int resultado**. Vamos a ver que es lo que ocurre realmente:

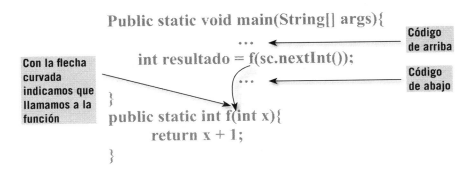

¿Y qué significa llamar a la función? Pues realmente sencillo. Significa que se va a ejecutar su código, pero no exactamente el mismo código, ya que al llamar a la función en la función **main** hemos dicho que le pasábamos un 5 como parámetro. El código de la función que hemos escrito se queda igual en memoria ya que esta función podemos llamarla las veces que queramos, pero internamente es como si se hiciese una copia de su código sustituyendo cada **x** por el valor que le hayamos pasado como parámetro, nuevamente, en este caso 5 de tal manera que se ejecuta esta copia:

public static int f(5){

return 5 + 1;

}

Se han sustituido todas las **x** por un 5 y por tanto ahora retornamos **x + 1**, es decir, 5 + 1 ya que estamos ejecutando la copia con valor 5 como parámetro.

De tal manera que al final tenemos esto:

public static int f(5){

return 6;

}

Por lo que el resultado que va a devolver la función es 6, o visto de otra manera, **la función vale 6** y como 6 es un número entero, podemos asignárselo a una variable como es nuestro **int resultado**, de tal manera que ahora tenemos que **resultado** vale 6 y por tanto por pantalla veremos que se escribe "El resultado es 6".

Este es un ejemplo en el que solo podemos retornar un valor, pero puede que queramos devolver diferentes valores dependiendo de alguna condición. Voy a poneros un ejemplo en el que además veremos eso que os he comentado arriba de que en ciertos casos **return** puede llevar más código "debajo".

Imaginemos que queremos hacer una función a la que llamaremos **esPar** que como podéis imaginar nos dirá si el número que metamos por pantalla es o no par. Normalmente estas funciones devuelven un valor **boolean** aunque si se diese el caso de que lo necesitásemos se podría devolver otra cosa: un **int** que devuelva 0 si es par y 1 si es impar, o un **String** que devuelva "es par" o "es impar" Lo que se necesite dependiendo del caso y del programa que vayamos a realizar. Voy ya con el código:

```java
package main;

import java.util.Scanner;

public class Main {

    public static void main(String[] args) {
        System.out.println("Escribe un numero: ");
        Scanner sc = new Scanner(System.in);
        int miNumero = sc.nextInt();

        if(esPar(miNumero)) {
            System.out.println(miNumero + " es par");
        }else {
            System.out.println(miNumero + " no es par");
        }
    }

    public static boolean esPar(int n) {
        if(n == 0) {
            return true;
        }else if(n % 2 == 0) {
            return true;
        }else {
            return false;
        }
    }
}
```

Nuevamente la estructura básica es igual que la de la anterior función, lo que cambia es el nombre de la función, el tipo que devuelve, el nombre del parámetro y su código, pero eso son siempre cosas que van a variar.

Este código lo que hace es pedir un número por teclado, pasar ese número por la función **esPar()** y dependiendo de si es par o no, devolverá **true** o **false** y eso es lo que usaremos en la condición para que nos escriba por pantalla una u otra frase. Vamos poco a poco.

La primera parte ya se ha repetido muchas veces, creamos un **Scanner** y metemos un número por teclado que esta vez guardaremos en una variable ¿Por qué no hacemos directamente **esPar(sc.nextInt())** en el **if** como hicimos en el ejemplo anterior y hemos guardado es **Scanner** en una variable? Pues lo porque luego el valor que metamos por teclado lo vamos a usar más abajo y necesitamos guardarlo en algún lado.

Llegamos a la parte interesante, a la función. Al llegar al **if** la llamamos, es decir, como expliqué en el ejemplo anterior se "hace una copia" del código, pero sustituyendo el **int n** por el valor que le pasemos como parámetro. Hacemos la primera comprobación, si **n == 0** (puede que no haga falta hacerlo como un caso separado, pero a veces las operaciones con 0 pueden dar problemas, así que mejor ser cuidadoso demás) el número va a ser par, así que devolvemos que es par, es decir, **true**. Si **n % 2 == 0**, es decir, si el resto de dividir **n** entre 2 es cero, el número será par y por tanto también devolvemos **true**, de cualquier otra manera devolveremos **false**.

Como habéis visto hemos escrito más código "debajo" de **return**, pero no justo debajo, si no en otro bloque de {}. Podemos meter un **return** dentro de cada **if** y si hay **if** anidados en cada uno de ellos:

```
if(…){
  if(…){
    if…(){
      return …;
    }
    return …;
  }
  return …;
}
```

Pero hay una cosa importante. **Siempre que metamos if tiene que haber un else al final que haga un return o al final de la función hacer return.**

```
public boolean funcionEjemplo(){
    if(){

        ...
        return ...;
    }

    O aquí un return ...;

}
```

O metemos aquí un else{ return ...; }

Si no metemos una de esas dos opciones en Java nos dará un error ya que se nos exige que las funciones que no son **void** siempre devuelvan algo. Si no añadimos uno de los dos cuadros que os he puesto arriba, si el **if** no se cumple, entonces la función no devolvería nada y eso no se puede.

Vamos ahora con las funciones que no devuelven nada, las **void**. En estas funciones, al contrario de las que devuelven algo que si no ponemos **return** nos da un error, aquí si ponemos **return** nos da error, ya que al poner **void** especificamos que no queremos devolver nada de nada.

Estas funciones se usan cuando queremos imprimir cosas por pantalla o cuando queremos hacer algún tipo de operación en la que realmente no nos interesa devolver su resultado.

```java
package main;

import java.util.Scanner;

public class Main {

    public static void main(String[] args) {
        System.out.println("Escribe 5 palabras: ");
        Scanner sc = new Scanner(System.in);
        String[] array = new String[5];

        for (int i = 0; i < array.length; i++) {
            array[i] = sc.nextLine();
        }

        concatenar(array);
    }

    public static void concatenar(String[] array) {
        for(String s : array) {
            System.out.println(s);
        }
    }
}
```

Aquí tenemos un pequeño ejemplo de una función **void** a la que le pasamos un **array** de **String** como parámetro. Lo que ocurre en este código es que se nos pide que metamos por teclado 5 palabras y al ejecutarse **concatenar** se escribirán todas seguidas.

Podéis ver la estructura **for** que no expliqué antes. La explico ahora. Este **for** lo que hace es recorrer todas las componentes de un **array**. Si tenemos el vector:

Tenemos claramente un vector de 4 componentes (del 0 al 3).

for(String s : array){

}

Lo que quiere decir es que vamos a asignar a un **String s** cada **String** guardado en **array** (en nuestro ejemplo para los **String** guardados de 0 a 3), es decir, que **s** primero valdrá hola, en el segundo ciclo que   hasta llegar a la última componente donde valdrá estás y ahí acabará el bucle. Es muy útil para recorrer las componentes de los **arrays**.

Como podéis ver la función no tiene **return**, pero hace sus operaciones internamente. Es un caso en el que no necesitamos para nada devolver un valor. También es cierto que hasta que no veamos **programación orientada a objetos** los **void** en la clase **main** no tienen mucho que hacer ya que las variables básicas como **int, double…** no sufren cambios. Ya hablaremos más abiertamente de esto en su momento.

Vamos a ver un ejemplo en el que usamos una función que devuelve un valor dentro de una función **void**

```java
package main;

import java.util.Scanner;

public class Main {

    public static void main(String[] args) {
        System.out.println("Escribe un numero: ");
        Scanner sc = new Scanner(System.in);
        int miNumero = sc.nextInt();

        resultadoPorPantalla(miNumero);
    }

    public static boolean esPar(int n) {
        if(n == 0) {
            return true;
        }else if(n % 2 == 0) {
            return true;
        }else {
            return false;
        }
    }

    public static void resultadoPorPantalla(int n) {
        if(esPar(n)) {
            System.out.println(n + " es par");
        }else {
            System.out.println(n + " es par");
        }
    }
}
```

Como véis en la construcción del esqueleto de la función **resultadoPorPantalla** hemos hecho una llamada a la función **esPar** y eso es totalmente correcto. Da igual qué esqueleto escribamos primero ya que se va a hacer una copia del código de cada uno cuando se necesite.

En el ejemplo lo que ocurre es que cuando llegamos a la función **resultadoPorPantalla** después de meter las cinco palabras se hace una llamada a esa función (una copia) y dentro de la copia se hace una llamada a la función **esPar** (otra copia), de esta manera se pueden llamar unas o tras sin preocuparnos de cual escribimos primero.

Con esto ya hemos visto la parte básica de funciones en Java. Lo más importante ahora para saber cómo usarlas es practicar mucho. Parte de la práctica podréis hacerla con los ejercicios que os dejaré después de explicaros las funciones en C++.

Vamos a pasar a explicar esto mismo en C++:

```cpp
#include <iostream>
#include <string>
#include <math.h>

using namespace std;

int sumarDos(int x, int y){
    return x + y;
}

int main(){
    int x, y;
    cin >> x;
    cin >> y;
    cout << sumarDos(x, y);
    return 0;
}
```

Aparentemente la estructura es igual, pero vemos varios cambios. Primero hemos escrito la función encima del **int main()**. Segundo no hemos puesto a la función ni **public** ni **static**. Como ya sabemos en Java también podemos escribir las funciones encima y debajo del **void main()**, pero en C++ hacerlo de una u otra manera conlleva tener que hacer otras cosas, ahora las veremos.

No ponemos ni **public** ni **static** primero porque si ponemos **public** nos dará un error y segundo no ponemos **static** porque no es necesario y además de momento no sabemos para que sirve. De momento nos basta con saber que quitamos el modificador de privacidad y el **static**, por lo demás igual que en Java.

Pero ¿Qué pasa si ponemos la función debajo del **int main()**? Bueno pues si lo hacemos tal cual, nos dará un error. Nos dirá:

SumarDos() was not declare in this scope

El mismo fallo que cuando no incluimos las librerías. Para solucionarlo debemos hacer lo siguiente, es muy sencillo:

```
#include <iostream>
#include <string>
#include <math.h>

using namespace std;

int sumarDos(int, int);        ◄──  Podemos hacer
                                     int sumarDos(int, int) o
int main(){                          int sumarDos(int x, int y)
    int x, y;
    cin >> x;
    cin >> y;
    cout << sumarDos(x, y);
    return 0;
}

int sumarDos(int x, int y){
    return x + y;
}
```

Como está marcado en la imagen, debemos escribir la cabecera de la función (la cabecera de una función se refiere a **int sumarDos(int x, int y)** o lo mismo pero para cualquier función. Anteriormente **public static boolean esPar(int n)**). Como también os he comentado podemos hacerlo de dos maneras. Realmente a C++ solo le interesa que en la cabecera que escribamos arriba, si la función tiene parámetros (como es nuestro caso), que le pasemos los tipos, quiero decir, en **int sumarDos(int x, int y)** tenemos dos parámetros y sus tipos son **int** e **int**, pues a C++ solo le interesa eso, pero opcionalmente podemos escribir todo igual que en el esqueleto de nuestra función, dándole los nombres que le hemos dado ahí a los parámetros.

Hay algo muy importante en C++ que no tenemos en Java. Si recordáis os dije que las variables básicas como **int, float, boolean**... no se modifican en las funciones **static** que escribamos en la clase **main**. Bueno en C++ también ocurre esto. Teniendo el siguiente ejemplo, la variable **x** no se modificará:

```
#include <iostream>
#include <string>
#include <math.h>

using namespace std;

void aumentarNumero(int);

int main(){
    int x;
    cin >> x;
    aumentarNumero(x);
    cout << x;
    return 0;
}

void aumentarNumero(int x){
    x += 1;
}
```

Lo que supuestamente debería de ocurrir es que metemos un número por teclado, se lo pasamos como parámetro a la función y esta función aumenta ese número en una unidad y después lo mostramos por pantalla. Si por ejemplo metemos por teclado 5, debería de aparecernos por pantalla después de que se ejecute la función un 6, pero si lo probáis se os escribirá un 5. Esto mismo pasa en Java si transformamos esta función en una de Java (con el **public** y **static**). C++ nos ofrece una forma de arreglar esto y es añadir **&**.

Lo que hace **&** es decirle a C++ que el parámetro al que se lo añadamos lo pase por **REFERENCIA** y no por **VALOR**. Esto lo veremos más en profundidad en **programación orientada a objetos**, pero para que os hagáis una pequeña idea, todas las variables básicas (**int, float, boole, char...**) se pasan como **VALOR**, esto a muy grandes rasgos quiere decir que en funciones como las del ejemplo no guardarán el valor nuevo que les demos, es decir, no guardarán ese 6, si no que se quedará con el valor 5, pero si ponemos **&** entonces las cosa cambia drásticamente porque deja de estar siendo pasado como **VALOR** y pasa a ser por **REFERENCIA**, que a muy grandes rasgos nuevamente quiere decir que se guardarán los cambios que le hagamos. ¿Cómo se usa el **&**? Ahora mismo lo vemos:

```
#include <iostream>
#include <string>
#include <math.h>

using namespace std;

void aumentarNumero(int &);

int main(){
    int x;
    cin >> x;
    aumentarNumero(x);
    cout << x;
    return 0;
}

void aumentarNumero(int &x){
    x += 1;
}
```

Lo que se ponga en el esqueleto se pone en la cabecera.

De esta simple manera le decimos a C++ que queremos que la variable que le pasemos como parámetro guarde su valor si se modifica, por tanto ahora si metemos un 5 por teclado por fin se nos imprimirá un 6 por pantalla.

No solo podemos añadir **&** a **int**, podemos añadírselo a cualquier tipo de variable.

Y con este ejemplo además os he demostrado que las funciones **void** son iguales que en Java. Otra cosa más es que **&** no se usa solo en funciones que **void**, también se puede usar en funciones que retornan un valor.

Una vez explicado todo esto os propongo los ejercicios a hacer. El último ejercicio será una mezcla entre **arrays** multidimensionales y funciones.

EJERCICIOS

20. Queremos hacer una función que acepta un número como parámetro. La función debe imprimir por pantalla la tabla de multiplicar (0 a 10) de ese número.

21. Queremos hacer dos funciones: la primera nos dirá si un número es positivo o negativo (devolviendo un **booelan**), después usaremos esa función dentro de otra que dependiendo del resultado que devuelva la primera nos imprimirá por pantalla "es positivo" o "es negativo".

22. Queremos un programa que se ejecute de forma constante. La forma de hacer que el programa pare es introducir por teclado la palabra "salir". Mientras no se escriba esa palabra, se debe de imprimir por pantalla todo lo que escribamos seguido de "(IA)" excepto la palabra "salir", esa no debe imprimirse ni así "salir" ni así "salir (IA)", cuando se introduzca se sale del bucle nada más y se acaba el programa.

23. Queremos hacer un programa para administrar los alumnos de la E.S.O. de un instituto (si hay personas que en su país no existe la E.S.O. son cuatro cursos de enseñanza obligatoria en España). Como he dicho son cuatro cursos y dentro de cada curso hay tres clases A, B y C. Queremos hacer un programa que nos permita: añadir alumnos a una clase, eliminar alumnos de una clase, informar del número de alumnos de una clase y salir del programa. Para ello os dejo la estructura que debería tener el programa:

    - Añadir alumno
    - Eliminar alumno
    - Alumnos en clase
    - Salir

    Elige una opción:

    Si elegimos 1) nos aparecerá esto:

    - Primero elige el curso:

    Y una vez introducido por teclado aparecerá:

    - Ahora la clase:

    Para eliminar e informar el procedimiento es el mismo pero cambiando las operaciones internas.

    El programa se ejecutará hasta que en el menú principal se introduzca un 4.

1.13 REGISTROS

Vamos a ver una estructura de datos llamada registros. Por lo general yo lo llamaré **struct** ya que además es la palabra clave que se usa para definirlo.

Es importante decir que **struct** solo es válido en C++. En Java hay algo similar pero ya nos iríamos a **programación orientada a objetos**.

El **struct** como bien he dicho es una estructura que nos permite almacenar datos, pero no tienen por qué ser datos del mismo tipo. El **struct** es un acercamiento a lo que va a ser la **programación orientada a objetos**.

Imaginad que queremos almacenar los datos de una persona, ¿Qué datos necesitaríamos? Pues por ejemplo el nombre, apellido, edad, DNI, si es hombre o mujer, altura

Estos son muchos tipos de datos diferentes, tenemos **int**, **float**, **string**, **bool** ¿Cómo lo almacenamos todo en una estructura para poder usarlo? Pues si no nos queremos ir a **programación orientada a objetos** podemos usar un **struct**. Vamos a ver este ejemplo de persona:

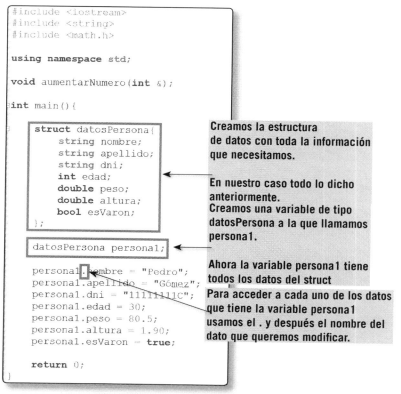

```cpp
#include <iostream>
#include <string>
#include <math.h>

using namespace std;

void aumentarNumero(int &);

int main(){

    struct datosPersona{
        string nombre;
        string apellido;
        string dni;
        int edad;
        double peso;
        double altura;
        bool esVaron;
    };

    datosPersona persona1;

    persona1.nombre = "Pedro";
    persona1.apellido = "Gómez";
    persona1.dni = "11111111C";
    persona1.edad = 30;
    persona1.peso = 80.5;
    persona1.altura = 1.90;
    persona1.esVaron = true;

    return 0;
}
```

Creamos la estructura de datos con toda la información que necesitamos.

En nuestro caso todo lo dicho anteriormente.
Creamos una variable de tipo datosPersona a la que llamamos persona1.

Ahora la variable persona1 tiene todos los datos del struct
Para acceder a cada uno de los datos que tiene la variable persona1 usamos el . y después el nombre del dato que queremos modificar.

Como podéis ver en la imagen esa es la estructura que tiene el código para usar **struct**. Primero usamos la palabra clave **struct** y después le damos un nombre a la estructura de datos que vamos a crear. Una vez hecho eso y puesto {}; ya tenemos creado un nuevo tipo de variable como podría ser **int, float, string**... Pero en este caso es un tipo de variable que almacena muchos tipos de datos distintos en su interior. Digo distintos porque en este caso usamos varios tipos, pero se podrían tener **struct** de muchos datos del mismo tipo sin ningún problema.

¿Y qué tiene esto de bueno? Pues tiene bastantes ventajas. Como podéis ver he declarado mi variable del tipo **datosPersona** como **persona1**. ¿Por qué? Pues porque podemos declarar tantas variables del tipo **datosPersona** como nosotros queramos y nuevamente, ¿Qué ventaja tiene esto? Os pongo un ejemplo: imaginaos que queremos tener 7 personas con los datos que tiene el **struct**, es decir, con su nombre, apellido... Tendríamos que declarar 7 variables para el nombre (**string nombre1, nombre2...**), 7 variables para el apellido, 7 para el DNI... En cambio, si usamos un **struct** y almacenamos todos los datos que necesitamos para una persona dentro del **struct** cada variable nueva que hagamos (**datosPersona persona1, persona2...**) tendrá todos esos datos ya dentro de ella de serie y podremos usarlos, esto quiere decir que si yo hago esto:

datosPersona persona1;

datosPersona persona2;

Y yo a **persona1** le doy el nombre de Pedro, a **persona2** no le estoy dando el nombre de Pedro, cada variable del tipo **datosPersona** tiene sus variables guardadas de forma interna e independiente.

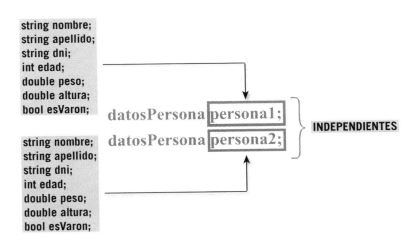

Y esto ocurre para todas las variables del tipo **datosPersona** que creemos. Vamos a hacer un pequeño resumen de lo visto hasta ahora: el **struct** nos permite crear una estructura de datos para almacenar información de uno o varios tipos (**int, float, string, bool...**). El nombre que demos después de **struct** es el nuevo tipo de variable que hemos creado (estas variables no se quedan guardadas en el ordenador para siempre, solo en el programa en el que esté el **struct**). Para acceder a cada uno de los datos de dentro del nuevo tipo de variable que hemos creado seguimos el esquema:

[nombreVariabl].[nombreDato]

Y de esa manera modificamos sus datos internos. Por si no os ha quedado claro como se accede a las variables internas voy a dejaros un pequeño esquema:

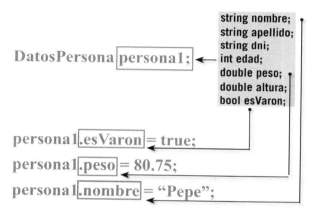

Con este esquema lo que quiero decir es que cuando declaramos una variable del tipo **datosPersona** (o el **struct** que hayamos creado) lo que hacemos es dar varios datos internos (los que os he puesto en un cuadro asociado al nombre de la variable) que son los que le damos en el **struct** al crearlo. Como están guardados de forma interna hay que acceder a ellos y el puente para hacerlo es usar el ".", con el estamos diciendo que queremos acceder a uno de sus datos internos.

Vamos a ver que podemos tener también un **struct** dentro de un **struct**. Podemos meter tantos **struct** uno dentro de otro como queremos, pero por simplificar y hacerlo sencillo vamos a ver solo uno dentro de otro. Vamos a mantener el código del ejemplo anterior pero justo después de cerrar el primer **struct** vamos a añadir este:

```
struct fechaCumple{
    int dia;
    int mes;
    int anio;
};
```

Es un **struct** muy simple que nos almacenará los datos del cumpleaños.

Ahora añadimos esta nueva variable a nuestro **datosPersona**:

```
struct datosPersona{
    string nombre;
    string apellido;
    string dni;
    fechaCumple cumple;
    int edad;
    double peso;
    double altura;
    bool esVaron;
};
```

No lo he comentado antes por obviarlo, pero aunque tengamos todos esos datos internos no hace falta que les demos un valor a todos, si por ejemplo no queremos poner cuanto mide una persona pues no lo ponemos.

Como veis ya hemos añadido la variable **fechaCumple** ¿Cómo trabajamos con ella? Muy sencillo:

```
datosPersona persona1;

persona1.nombre = "Pedro";
persona1.cumple.dia = 17;
persona1.cumple.mes = 5;
persona1.cumple.anio = 1987;
persona1.esVaron = true;
```

Primero creamos la variable del tipo **datosPersona** y al tener **persona1** de manera interna una variable del tipo **fechaCumple cumple** podemos acceder a sus datos internos con un "**.**" también de tal manera que si para acceder a los datos básicos (**int, bool**…) usamos un "**.**", para acceder a los datos internos de la variable

del tipo **fechaCumple** primero accedemos al dato **cumple** y desde cumple con un
"**.**" a cada uno de los datos internos de **cumple**.

Si recordáis os expliqué en el punto de **arrays** que podemos tener un **array**
de cualquier tipo de variable, y por supuesto, no vamos a excluir a los **struct**. Vamos
a ver un ejemplo:

```cpp
#include <math.h>

using namespace std;

void aumentarNumero(int &);

int main(){

    struct fechaCumple{
        int dia;
        int mes;
        int anio;
    };

    struct datosPersona{
        string nombre;
        string apellido;
        string dni;
        fechaCumple cumple;
        int edad;
        double peso;
        double altura;
        bool esVaron;
    };

    datosPersona personas[3];

    personas[0].nombre = "Pedro";
    personas[1].cumple.dia = 17;
    personas[1].cumple.mes = 5;
    personas[1].cumple.anio = 1987;
    personas[2].esVaron = true;

    return 0;
}
```

Con este pequeño programa creo un **array** de tipo **datosPersona** de 3
componentes, por lo que podré almacenar a 3 personas y para acceder a cada persona
ya veis el procedimiento. A la primera persona le asigno un nombre, a la segunda una
fecha de cumpleaños y a la tercera su tipo de sexo.

EJERCICIO

Esta vez solo os voy a proponer un ejercicio ya que va a ser largo y algo más complicado ya que vamos a mezclar un poco todo lo visto hasta ahora.

24. Queremos hacer un programa maneje 3 bibliotecas. Cada biblioteca tendrá los siguientes datos: nombre, dirección, númeroDirección, director, libros (array de 100 componentes).

    Libro y director son **struct** también. Libro tiene los datos: nombre, nombreAutor, páginas, fechaPrestado. Director tiene los datos: nombre, apellido y DNI. fechaPrestado tiene los datos: día, mes y año.

    Con esto debemos crear un menú de la siguiente manera:

    - Añadir libro a biblioteca.

    - Lista de nombres de libros de una biblioteca.

    - Modificar nombre de un libro.

    - Mostrar nombres de libros con más de 100 páginas.

    - Mostrar libros en préstamo.

    - Prestar un libro.

    - Salir.

    Para añadir libro primero preguntará por la biblioteca (0, 1 o 2). Una vez introduzcamos el número añadiremos un libro dando valores a su nombre, nombreAutor y páginas.

    Para (2) primero se preguntará por la biblioteca (0, 1 o 2). Una vez metido el número se mostrarán por pantalla todos los libros cuyo nombre no esté vacío (que le hayamos introducido un nombre).

    Para (3) lo mismo, primero la biblioteca y despúes el nombre de un libro. Se nos pedirá después el nombre del nuevo libro y se lo cambiaremos.

    Para (4) primero biblioteca y después por pantalla los libros sin nombre vacío Y los que tengan más de 100 páginas

    Antes de deciros el (5) se me ha olvidado comentar que podemos dar valores por defecto a los datos de un **struct** y eso es lo que haremos en **fechaPrestado:**

```
struct fechaCumple{
    int dia = 0;
    int mes = 0;
    int anio = 0;
};
```

Para (5) primero biblioteca y después mostraremos por pantalla los libros sin nombre vacío Y los que su día, mes y año de **fechaPrestado** sean distintos de 0.

Para (6) primero biblioteca, después nombre del libro y por último daremos valores a los datos de **fechaPrestado** para ese libro.

2

PROGRAMACIÓN ORIENTADA A OBJETOS

Al entrar en esta segunda parte del libro dejamos atrás todo lo básico dentro de la programación y pasamos a ver una de las partes más importantes dentro de cómo se estructura la programación hoy en día. Pasamos a ver todo lo que anteriormente os comentaba que veríamos más adelante en la **programación orientada a objetos**.

Si no habéis leído la parte de **registros** de C++ porque no queréis empezar con C++ y preferís Java os recomendaría que leyeseis, aunque fuese solo esa parte ya que os va a venir muy bien para entender cómo funciona la **programación orientada a objetos**.

INTRODUCCIÓN

La **POO** (Programación Orientada a Objetos) es un paradigma de programación, es decir, es una forma de programar que se basa en el uso, como su nombre indica, de objetos.

Cuando hablamos de **POO** oiremos hablar continuamente de conceptos como: **atributo, método, clase, abstracto, interfaz, herencia, implementación, polimorfismo**…

Son todo conceptos que iremos viendo, entendiendo y aprendiendo poco a poco ya que la **POO** hay que entenderla muy bien y sobre todo practicarla mucho, no solo con los ejercicios que os propondré si no con ejercicios y proyectos que vosotros mismos os propongáis.

En la **POO** seguiremos trabajando con las variables básicas (**int, float, String**) y también con las nuevas variables que creemos (los objetos) que serán algo similar a los **struct** que explicamos en **registros**. La idea de programar orientado a objetos es hacer que tanto objetos como variables básicas se comuniquen y trabajen entre sí.

Además, otro de los puntos importantes de la **POO** es que nos permiten tener el código de forma bien estructurada y organizada ya que podemos guardar mucha información y métodos en un solo objeto.

2.1 CLASES

Comenzamos con lo más básico dentro de la **POO**. Podría haber empezado directamente con qué es un objeto, pero creo que explicando que es una **clase** primero se entenderá mejor qué es un objeto después.

Las clases se comportan de forma muy similar al **struct**. Son estructuras que nos permiten almacenar datos (atributos) y métodos (**void** y funciones con **return**).

Vamos a ver un ejemplo y como siempre explicaré a partir de él. Comenzaremos por Java, ya que, desde mi punto de vista es más sencillo y está bastante mejor estructurado que en C++. Vamos con un primer ejemplo sencillo.

Antes de nada, os recuerdo como se crea una clase. Lo vimos al principio del libro, aunque no os expliqué que hacíais realmente. Vamos a nuestro proyecto en Eclipse y lo desplegamos todo lo posible. En el **package** hacemos clic derecho → new → class:

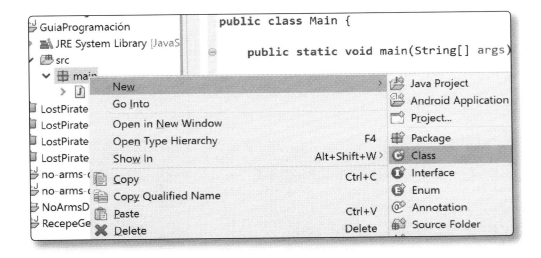

Después os aparecerá un cuadro nuevo, simplemente dadle un valor al campo de texto que dice **Name**, el resto dejadlo como está. Por convención los nombres de las clases comienzan **POR MAYÚSCULA**.

En mi caso yo le he dado de nombre **Circunferencia** porque en esta clase vamos a crear el esqueleto para más adelante hacer objetos de tipo **Circunferencia**.

Una vez recordado como hacer una clase, vamos con el ejemplo:

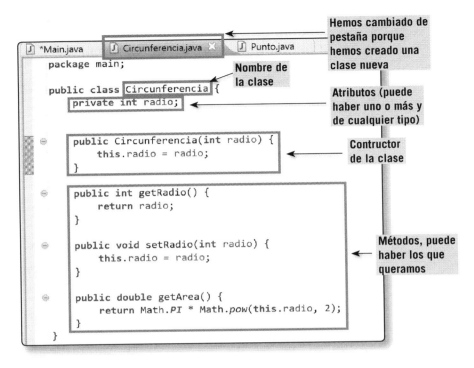

De un primer golpe de vista es casi como empezar de cero, es todo nuevo y puede que no sepáis muy bien que hace cada cosa, así que vayamos paso a paso:

▶ **Nombre de la clase**: Si os acordáis, hace unos instantes le hemos dado un nombre a la clase en un cuadro de texto que ponía **Name**. Ese mismo nombre es el que aparece como nombre de la clase y en la pestaña de arriba.

▶ **Atributos**: Son las características o valores que tiene una clase, y por tanto, las características que tendrán los objetos que se creen de esta clase (del tipo **Circunferencia**). En nuestro ejemplo solo tenemos un atributo al que llamamos **radio** y tiene sentido ya que una circunferencia se compone básicamente de un **radio** (también de un centro, pero lo dejaremos para más adelante).

▶ **Constructor**: Como véis tiene la estructura de una función, pero tiene algo raro, no es **void** pero tampoco dice qué devuelve ni tiene **return**. Bueno esto es porque el constructor es un tipo especial de función que no devuelve nada, pero tampoco es **void**, sirve para dar un valor inicial a los atributos de los objetos cuando los creemos y también para guardar un espacio en memoria al crear el objeto. Puede no haber constructor en una clase, puede haber uno o haber varios. Lo más normal es que haya uno o varios.

▶ **Métodos**: Los métodos son funciones que nos van a permitir obtener los valores de los atributos de un objeto, modificarlos u hacer otro tipo de operaciones que envuelvan o no a los atributos del objeto.

Este es un resumen un poco general, pero iremos viendo poco a poco cada uno con más detalle. Realmente del nombre de la clase no veremos más ahora mismo. Simplemente tenéis que entender la estructura **public class Circunferencia{}** donde **public** es la visibilidad de la clase, **class** es lo que hace que sea una clase y **Circunferencia** es el nombre que le damos.

2.1.1 Encapsulamiento

Como habéis podido ver, en el atributo **radio** le hemos puesto antes el modificador de visibilidad **private**. Por regla general pondremos **private** a todos los atributos de las clases (salvo excepciones porque nos convenga más que sea **public o protected**).

Lo que hace **private** es que los atributos que tiene una clase sean visibles **ÚNICAMENTE** dentro de la clase, no podremos acceder a ellos desde los objetos que creemos en un futuro. Al hacer esto estamos **encapsulando** la información y es una práctica muy limpia que se sugiere hacer siempre en **POO**.

Probablemente ahora no entendáis que es eso de que las variables **private** no se pueden acceder desde los objetos, pero en que veamos objetos lo veréis todo perfectamente.

2.1.2 This

Como habéis podido notar en el código de ejemplo uso varias veces **this. radio**, pero hay veces que uso el **this.** para referirme al radio y hay otras veces que no. La razón es muy simple: **this** hace referencia a los atributos, es decir, hace referencia al **radio** que tenemos declarado en la parte de los atributos y es la forma de distinguirlo de el **int radio** que le pasamos como parámetro al constructor y a la función **setRadio(int radio)**. Usar **this** al igual que el **encapsulamiento** es una práctica muy limpia y lo mejor es que cada vez que queráis usar los atributos antes de poner el nombre uséis **this**, ya que muchas veces puede evitar confusiones incluso dentro de vuestro propio código, es muy recomendable usarlo.

```
public class Circunferencia {
    private int radio;

    public Circunferencia(int radio) {

    }

    public int getRadio() {
        return radio;
    }

    public void setRadio(int radio) {
        this.radio = radio;
    }
}
```

Con el this.radio hacemos referencia al atributo.

Sin el this. hacemos referencia al radio que pasamos como parámetro.

Si tuviésemos más atributos el **this** se usa para hacer referencia a todos, es decir, en un caso como este:

> **public class Circunferencia{**
> **private int radio;**
> **private Punto centro;**
> **private String nombre;**
> **...**
> **}**

Si queremos hacer referencia al **radio**, **this.radio**, si queremos hacer referencia al **centro**, **this.centro**, al **nombre**, **this.nombre**…

Como podéis ver le he dado como atributo una variable del tipo **Punto** ¿Qué es eso? Bueno como os he comentado antes a una clase le podemos dar como atributo cualquier cosa, desde variables básicas hasta otro tipo de objetos y en este caso yo le he dado un atributo **Punto** que me dirá en que posición del plano se encuentra mi objeto **Circunferencia**. No os preocupéis que programaremos esa clase también.

2.1.3 Constructor

El constructor es una de las partes más importantes de la clase ya que gracias a él podremos, válgase la redundancia, construir los objetos en memoria. Su función, como he dicho antes, es construir el objeto y dar unos valores iniciales a los atributos de nuestros objetos.

El constructor, por lo general, suele tener tantos parámetros como atributos tiene nuestra clase, pero no siempre es así. Hay veces que hay más atributos que parámetros en el constructor o también podría darse que hay más parámetros en el constructor que atributos en la clase, todo depende como siempre de lo que necesitemos programar.

En el caso de tener tantos atributos como teníamos en el ejemplo del **this** se nos quedaría un constructor tal que así:

```
public Circunferencia(int radio, Punto centro, String nombre){
    this.radio = radio;
    this.centro = centro;
    this.nombre = nombre;
}
```

2.1.4 Métodos

Como también os he nombrado antes los métodos son las funciones que van a permitir al objeto interactuar con sus atributos: obtener sus valores, modificarlos…

Podemos distinguir tres tipos de funciones (a grandes rasgos) dentro de los métodos: los **getters**, los **setters** y otras métodos. Los **getters** y **setters** son métodos que manipulan a los atributos. Los **getters** nos permiten obtener los valores de los atributos y los **setters** nos permiten cambiar el valor de dichos atributos. Son métodos muy útiles y por lo general tendremos un **getter** y un **setter** por cada atributo que tengamos en la clase.

¿Y por qué son útiles? Bueno como os he dicho al encapsular los atributos dentro de la clase los objetos no son capaces de acceder a sus atributos y para eso mismo están los **getters** y los **setters** para que, aunque de forma directa no se pueda acceder a los atributos, podamos modificarlos y acceder a ellos de alguna manera.

Si cogemos los atributos del caso anterior nos saldrían dos **getters** y dos **setters** más, uno para **Punto centro** y otro para **String nombre**. Os dejo el **getter** y **setter** de **centro** ya que al ser un objeto podría pareceros algo más raro:

```
public Punto getCentro(){            public void setCentro(Punto centro){
    return this.centro;                   this.centro = centro
}                                    }
```

Como he dicho hay "tres tipos" de métodos, ya hemos visto los dos primeros. El tercer tipo engloba a los métodos que su función no es únicamente devolver el valor de un atributo o modificarlo. En nuestro ejemplo tendríamos el método **getArea()**

que no nos devuelve ni modifica el valor de un atributo si no que nos devuelve el valor del área de la circunferencia.

Si las palabras función y método os tienen un poco confusos he de deciros que son exactamente lo mismo, solo que se suele usar uno u otro término dependiendo de la situación. Se usa método para las funciones de dentro de una clase y se usa función para las de fuera de una clase.

Hay más tipos de atributos que no hemos visto y que veremos después de explicar objetos ya que es más visual y se entienden muy bien al verlo todo junto. También hay un modificador que ya vimos, **static** , que veremos también mientras explicamos objetos porque de igual manera es muy visual.

Si me queda algo de explicar de las clases lo juntaré con objetos a partir de ahora ya que será más sencillo de entender si se solapa.

Antes de seguir voy a hacer una aclaración sobre las variables. Las variables dentro de que sean de un tipo u otro pueden se **locales** o **globales**.

Las variables **globales** son las que no están dentro de ninguna función o método, si no dentro de la clase en sí misma, como los atributos y estas variables son accesibles desde cualquier parte de la clase.

Por el contrario, las **locales** son aquellas que se crean dentro de una función o método en particular y solo son accesibles desde dentro de esa función o método en particular.

Hasta ahora en la clase **main** en la función principal habíamos creado variables dentro, esas son **locales** y no podemos acceder a ellas desde fuera de esa función. A partir de ahora trabajaremos tanto con **globales** como con **locales**. Todas las que no estén declaradas dentro de una función o método serán **globales**, como he dicho, al igual que los atributos.

2.2 OBJETOS

Los objetos son instancias de las clases que nosotros creamos. Veremos en los ejemplos a que me refiero exactamente con "instancia". Cada objeto que nosotros instanciemos (cada objeto que creemos) no tendrá nada que ver con los demás (a no ser que nosotros queramos que así sea), cada uno tendrá sus atributos con sus valores independientes del resto, es decir, que aunque creemos 17 objetos de una misma clase, cada uno es independiente.

Un objeto podemos declararlo y construirlo. Cuando solo lo declaramos no estamos reservando memoria para el y por tanto no podemos usarlo. Cuando lo construimos, o declaramos **Y** construimos entonces si que podemos usarlo.

Vamos a ver con un pequeño ejemplo cómo declarar y construir un objeto en Java, la relación que tienen con la clase de la que se instancian y la independencia entre objetos. Para ello volvemos a la clase **main** para trabajar con nuestra clase **Circunferencia**:

```
package main;

public class Main {

    public static void main(String[] args) {
        Circunferencia c1;              ←——————— Objeto declarado.
        Circunferencia c2 = new Circunferencia(10);
    }                                        ↖ Se usa para reservar memoria y construir el objeto.
                        ↑
}           Objeto declarado y construido.
```

Como podemos ver tenemos dos variables **c1** y **c2**. Ambas son variables del tipo **Circunferencia**, es decir, hemos creado dos objetos del tipo **Circunferencia**. Bueno, en realidad solo hemos creado uno, ya que **c1** solo está declarado y eso quiere decir que **c1** no podemos usarlo, en cambio **c2** está declarado y construido por lo que está listo para usarse. Si recordáis la parte de **struct** de C++, estamos haciendo lo mismo, estamos cogiendo toda la clase **Circunferencia** y la estamos condensando en una sola variable (en dos en este caso ya que tenemos **c1** y **c2**), es decir, que todos los atributos, métodos y el constructor están dentro tanto de **c1** como de **c2**. Esto quiere decir que **c1** y **c2** tienen un atributo que es su **radio** del cual pueden obtener su valor y tienen unos métodos a los cuales pueden acceder.

Vamos a centrarnos ahora mismo en **c2** que es la variable que tenemos construida. Tiene la siguiente estructura:

Circunferencia c2 = new Circunferencia(10);

Ya hemos visto que es el **new**. Nos sirve para reservar memoria para el objeto y construirlo para que podamos usarlo, pero ¿Qué es eso de **Circunferencia(10)**? Pues vayamos un momento a la clase **Circunferencia**. ¿Veis algo que se pueda parecer? Efectivamente se parece al constructor de nuestra clase y es que **es** el constructor de nuestra clase al que le estamos pasando como parámetro un número entero que es el 10.

¿Qué quiere decir este último párrafo? Básicamente estamos creando un objeto en memoria el cual tiene un atributo **radio** al que le hemos dado el valor 10 y ahora el pc sabe que en memoria tiene un objeto del tipo **Circunferencia** que se llama **c2** y que tiene un atributo con un valor y unos métodos.

Si no os creéis que así sea vamos a hacer una prueba. Justo después de construir **c2** escribid **c2.** y esperad a que os salga un cuadro. Os aparecerá algo así:

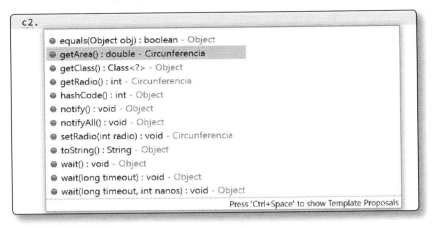

¿Os suenan las funciones que a la derecha del todo pone **Circunferencia** verdad? Son los métodos que tenemos programados en nuestra clase. A esto me refería con lo que puede acceder un objeto.

Un objeto puede acceder a los métodos y atributos **public** y **protected** de la clase desde la que se instancia. Nosotros hemos instanciado **c2**, es decir, hemos creado un objeto del tipo **Circunferencia** llamado **c2** y por ser una instancia de la clase **Circunferencia** este objeto **c2** puede usar todos los métodos de la clase **Circunferencia** (nuevamente, si son **public**).

Vamos a ver un pequeño esquema de como está compuesto un objeto:

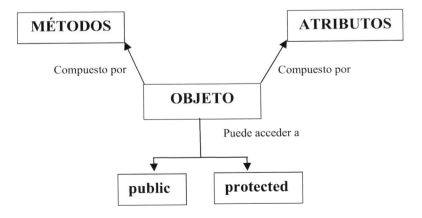

Si os fijáis bien, al hacer **c2.** en el cuadro solo aparecen los métodos que hemos declarado como **public**, en este caso son todos así que vamos a hacer unas pequeñas modificaciones a la clase.

Vamos a añadir un atributo **public String name** y un método

```
private void nombreYradio(){
    System.out.println(this.nombre + " " + this.radio);
}
```

Una vez hecho esto y guardado (ctrl + s) vamos de nuevo a **main** y nuevamente vamos a escribir **c2.** veremos que el resultado es algo diferente:

Los atributos y métodos marcados como **protected** son accesibles para las clases padres y las hijas (esto lo veremos en herencia), es como un **private**, pero que se deja acceder por las clases hijas.

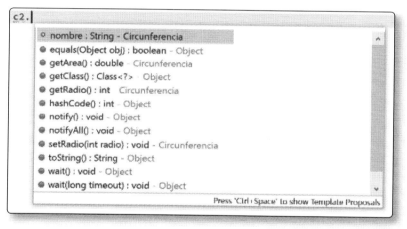

Si observáis tenemos todo lo anterior, pero se ha añadido algo. Efectivamente se ha añadido **nombre** y se ha añadido a la lista de atributos a las que puede acceder nuestro objeto **c2**, pero lo puede hacer **c2** y cualquier variable del tipo **Circunferencia** que creemos ya que los cambios que afectan a la clase afectan a todos los objetos. Pero ¿Dónde está nuestro método **nombreYradio()**? Pues efectivamente no está ya que este método es **private** y por tanto el objeto no puede acceder directamente a él.

Vamos a eliminar este atributo último y el método. Vamos a empezar a ver como trabajar con objetos y con sus métodos.

Lo primero de todo vamos a ver como acceder a sus atributos y como modificar sus valores:

```
package main;

public class Main {

    public static void main(String[] args) {
        Circunferencia c1;
        Circunferencia c2 = new Circunferencia(10);

        System.out.println(c2.getRadio());
        c2.setRadio(4);
        System.out.println(c2.getRadio());
    }

}
```

Si ejecutamos este código por pantalla nos aparecerá primero un 10 y luego un 4, pero ¿Qué ocurre internamente?

Vamos a verlo con un pequeño esquema:

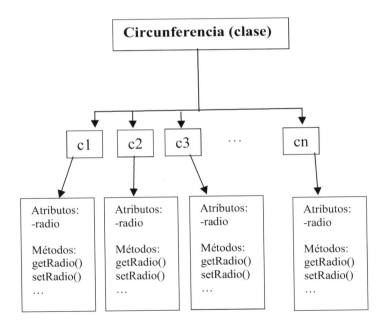

Con este esquema vemos que una clase puede tener "n" objetos, es decir, los que nosotros queramos o necesitemos y que cada uno tiene de forma totalmente independiente sus atributos y métodos.

Vamos a suponer (para hacerlo más visual) que cuando nosotros creamos un objeto en memoria se guardan tanto la caja con el nombre de la variable como su caja de atributos y métodos (cuando hacemos **new**).

Nosotros hemos construido **c2** con el valor del **radio** igual a 10, por tanto en su posición de memoria tendremos las siguientes cajas:

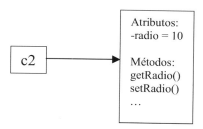

Por tanto, gracias a que ambas cajas están guardadas en memoria, el pc sabe que si usamos **c2**, la caja de **c2** tiene enlazada una caja con sus atributos y su métodos y en esa caja hemos dicho que **radio** vale 10, y por eso jamás se confundirá con el resto de objetos, porque cada uno tiene su caja enlazada a la caja del nombre de la variable.

Prosiguiendo con la foto del código que os he dejado, al construir **c2** le hemos dado 10 al **radio** y después hemos llamado a imprimir por pantalla al método **getRadio()**. Si volvemos al código de la clase, **getRadio()** nos devuelve el valor del **radio**, por tanto, al usar este método lo que hacemos es acceder al atributo **radio** al cual no podemos acceder directamente por ser privado, pero sí de manera indirecta.

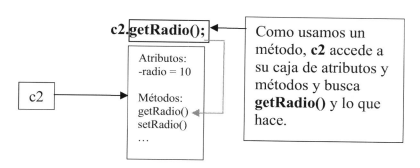

Como **getRadio()** devuelve el valor entero del radio, ahora toda la sentencia **c2.getRadio()** contiene el valor del **radio**, es decir, 10 por lo que podríamos, por ejemplo, almacenarlo en una variable **int radioC2 = c2.getRadio();**

Seguidamente usamos **c2.setRadio(4);**. Esta función la usamos para cambiar el valor del atributo **radio**, por tanto al hacer esto, el valor que tiene **radio** en la caja de memoria cambiará:

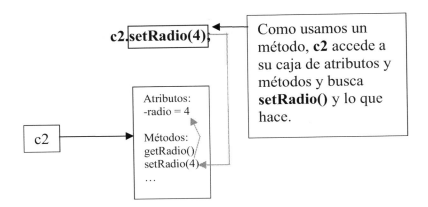

Por tanto llamando nuevamente al método **getRadio()** de **c2** obtenemos que ahora el **radio** de **c2** es 4 y no 10, porque hemos cambiado el valor de su atributo **radio**.

Vamos a modificar un poco el código para que veáis que cada objeto tiene de forma independiente sus atributos:

```java
public static void main(String[] args) {
    Circunferencia c1;
    c1 = new Circunferencia(25);
    Circunferencia c2 = new Circunferencia(10);

    System.out.println(c2.getRadio());
    c2.setRadio(4);
    System.out.println(c2.getRadio());

    System.out.println(c1.getRadio());
}
```

Lo primero que hacemos como cambio es construir **c1**, que como veis, podemos hacer de esa manera. No hace falta que declaremos y construyamos todo a la vez.

Al construir **c1** le hemos pasado como parámetro un 25, por tanto, el **radio** de **c1** debería ser 25 y el de **c2** 4 ¿Es así? Por supuesto porque como os he explicado cada uno tiene su caja de nombre de variable enlazada a su caja de atributos y métodos.

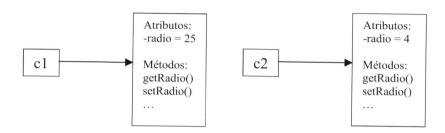

Puede que os estéis preguntando ¿Qué pasa si intento usar un objeto sin construir? Hacer algo como

Circunferencia c3;
c3.getRadio();

Eclipse, que es muy listo, nos avisa de que eso está mal. Nos señala **c3** con una raya roja debajo y nos da este mensaje si dejamos el cursor encima:

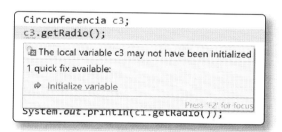

Nos dice que la variable **c3** no ha sido inicializada, es decir, que no ha sido construida y debemos hacerlo.

Vamos a ver un ejemplo en el que usamos objetos dentro de otros objetos, es algo similar a cuando usamos un **struct** dentro de otro **struct**. En este caso vamos a crear la clase **Punto** que usé anteriormente. Vamos con ello.

Antes de ponernos a crear una clase a lo loco cuando empezamos a usar objetos por primera vez, conviene pensar un poco qué vamos a necesitar. Un punto (en 2 coordenadas en este caso) tiene una "x" y una "y", pues estos serán nuestros atributos y como métodos de momento podría valernos con los **getters** y los **setters**.

El constructor tomará dos parámetros, un **int x** y un **int y**. Podéis usar también **double** o **float**, eso ya como vosotros queráis, pero tened en cuenta que debéis ser coherentes con lo que uséis, si usáis **double** para los atributos, los parámetros deben serlo también y para los **getters** y **setters** lo mismo.

Vamos a añadir una función que nos permita mover nuestro **Punto** a otro **Punto** distinto a la que llamaremos **moverPunto (Punto p)**.

```java
package main;

public class Punto {
    private int x, y;

    public Punto(int x, int y) {
        this.x = x;
        this.y = y;
    }

    public int getX() {
        return x;
    }

    public void setX(int x) {
        this.x = x;
    }

    public int getY() {
        return y;
    }

    public void setY(int y) {
        this.y = y;
    }

    public void moverPunto(Punto p) {
        this.x = p.getX();
        this.y = p.getY();
    }
}
```

El código de la clase quedaría así. Como os comenté al principio del libro las soluciones para un problema no son únicas y para programar una clase ocurre lo mismo. En vez de haber usado **int x,y;** podríamos haber usado **int[2] coord;** donde la **coord[0]** sea la "x" y la **coord[1]** la "y".

El constructor es muy simple, únicamente le pasamos dos parámetros para darles valores a sus atributos.

Vamos con **moverPunto (Punto p)**. Puede parecer raro que le pasemos como parámetro un objeto de la misma clase, pero es totalmente correcto. Vamos a verlo de manera gráfica. Imaginad que tenemos **Punto p1 = new Punto(1,0);** ahora tenemos en memoria la caja con **p1** y su asociada con los atributos donde la **x** vale 1 y la **y** 0, además de contener también todos los métodos.

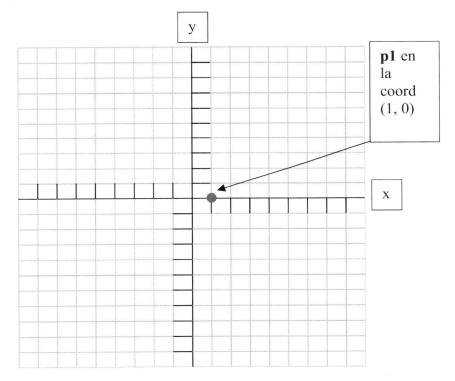

Así es como nos lo imaginamos gráficamente. Ahora por alguna razón decidimos que queremos mover **p1** de (1, 0) a (-3, 4). Si que es cierto que con los **setters** de **x** e **y** podríamos moverlo ya que modificaríamos los valores de sus atributos en su caja de atributos y métodos en memoria, pero como quiero explicaros cómo usar objetos en las clases vamos a usar **moverPunto(Punto p1).**

```
public void moverPunto(Punto p){
        this.x = p.getX();
        this.y = p.getY();
}
```

Cuando nosotros pasamos como parámetro a un método o función algún objeto, como **p** en nuestro caso, dentro de esa función o método nosotros podemos acceder a toda su caja de atributos y de métodos. Esto es así porque como he dicho, **p** es un parámetro y en un futuro será sustituido por un objeto de tipo **Punto** de verdad ya que **p** al ser un parámetro no es realmente un objeto, no está construido. Podemos pensar que es un "objeto fantasma", es decir, no está construido, no está en memoria, pero podemos acceder a los atributos y métodos que un objeto normal de tipo **Punto** podría acceder.

Vamos a crear un nuevo **Punto p2 = new Punto(-3, 4);** de tal manera que ahora tenemos:

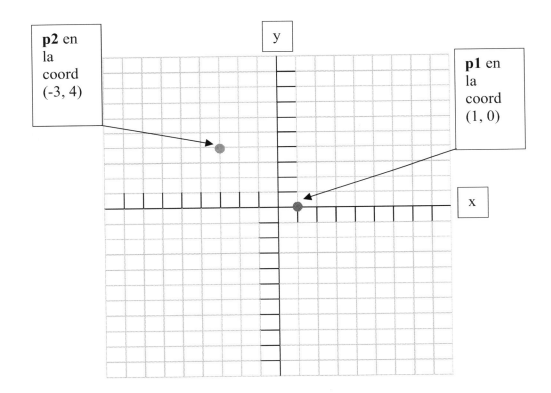

Ahora lo que queremos hacer es mover el **p1** rojo a donde está el **p2** azul, por tanto usaremos **p1.moverPunto(p2);** ¿Y por qué esto? Pues nuevamente nosotros hemos dicho que **moverPunto(Punto p)** tiene como parámetro un **Punto**. Dentro del método lo que decimos es que la **x** de **p1** va a pasar a ser la **x** de **p** y la **y** de **p1** la **y** de **p**, donde **p** puede ser cualquier objeto de tipo **Punto** que nosotros creemos, eso es lo bueno de pasar objetos como parámetros, que podemos pasar el **Punto** (u objeto que esté como parámetro) y funcionará siempre (a no ser que haya algún tipo de incompatibilidad).

Al pasarle **p2** como parámetro lo que estamos diciendo es que la **x** de **p1** va a pasar a ser la **x** de **p2** y la **y** de **p1** la **y** de **p2**, por tanto ahora ambos puntos están en el mismo lugar en el plano:

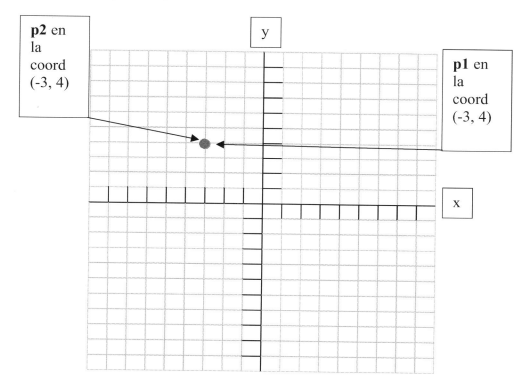

Y de esta manera hemos conseguido mover nuestro **p1** a otras coordenadas.

Lo que hemos hecho esta bien y funciona perfectamente, pero hemos creado un objeto dándole un nombre y todo y luego realmente no lo usamos para nada, solo para pasarlo como parámetro. En estos casos que creamos un objeto para un solo propósito y nada más podemos hacer lo siguiente.

Como sabemos podemos declarar un objeto y declararlo y construirlo, pero también podemos únicamente construirlo, por ejemplo, un **Punto** podemos construirlo de la siguiente manera **new Punto(-3, 4);** solo con eso ya hemos construido un objeto de tipo **Punto** que solo podremos usar al momento de construirlo porque no le hemos dado ningún nombre.

¿Y qué ventaja tiene esto? Pues que cuando vamos a mover **p1** a otras coordenadas podemos hacer esto **p1.moverPunto(new Punto(-3, 4));** y esto es perfectamente correcto y funciona sin problemas. Al pasarle el objeto directamente el método coge de forma directa la información que necesita, en este caso coge los métodos **getX()** y **getY()**.

Vamos a modificar ahora la clase **Circunferencia** para que os quede así:

```java
package main;

public class Circunferencia {
    private int radio;
    private Punto centro;

    public Circunferencia(int radio, Punto centro) {
        this.radio = radio;
        this.centro = centro;
    }

    public int getRadio() {
        return radio;
    }

    public void setRadio(int radio) {
        this.radio = radio;
    }

    public Punto getCentro() {
        return this.centro;
    }

    public double getArea() {
        return Math.PI * Math.pow(this.radio, 2);
    }

    public void moverCircunferencia(Punto p) {
        this.centro.moverPunto(p);
    }
}
```

Le hemos añadido un atributo **Punto centro** y dos métodos: **getCentro()** y **moverCircunferencia(Punto p)**. Además hemos añadido un parámetro al constructor y hemos añadido una línea.

Vamos a ver **moverCircunferencia(Punto p)**. Puede que ya os imaginéis como funciona. Nosotros tenemos como atributo un **Punto centro** y este atributo puede acceder a su caja de atributos y métodos. De tal manera que si creamos una **Circunferencia c1 = new Circunferencia(10, new Punto(2,1))** en memoria tendríamos estas cajas:

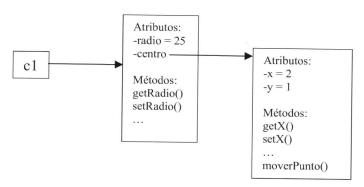

Es decir, **centro** tiene su propia caja de atributos y de métodos enlazada a la caja de atributos y de métodos de **c1**, por tanto, **centro** puede acceder a todos los atributos y métodos (**public**) de la clase **Punto** ¿Y en qué nos beneficia eso? Pues en que si queremos mover **c1** de sitio, solo tenemos que crear un método que llame a **moverPunto(Punto p)** de **centro** ya que si modificamos la caja de atributos y métodos de **centro** al estar enlazada con la de **c1** se actualizará todo. Ahora, para usar **moverPunto()** hay que pasarle un parámetro, por tanto, también hay que pasárselo al método de **Circunferencia** para que al final pueda usarlo **moverPunto(Punto p)**.

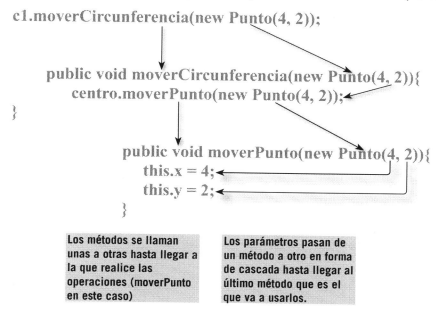

Vamos a ejecutar un pequeño código en el **main** para verificar que esto funciona:

```java
package main;

public class Main {

    public static void main(String[] args) {
        Circunferencia c1 = new Circunferencia(10, new Punto(0,0));
        System.out.println(c1.getCentro().getX());
        System.out.println(c1.getCentro().getY());

        c1.moverCircunferencia(new Punto(-3, 2));
        System.out.println(c1.getCentro().getX());
        System.out.println(c1.getCentro().getY());
    }
}
```

Primero tenemos nuestra **c1** en el **centro** $(0, 0)$ y con un **radio** de 10 unidades. Ahora lo cambiamos de posición pasándole como parámetro un nuevo **Punto** y si ejecutamos el código efectivamente vemos cómo han cambiado las coordenadas del **centro**.

Vamos a ver ahora algo curioso sobre los objetos. Vamos a suponer que tenemos dos objetos de tipo **Punto**. **Punto p1 = new Punto(2, 3);** y **Punto p2;** el segundo solo declarado.

Podemos hacer esto sin ningún tipo de problema **p2 = p1;** y ahora nosotros podemos usar **p2** como usaríamos cualquier objeto construido, es decir, podemos hacer **p2.getX();** o **p2.moverPunto(new Punto(0, 0));**.

Pero, ¿Cómo puede ser esto si no hemos construido **p2**? En efecto **p2** no está construido, lo que ocurre es que hemos asignado **p2** a la dirección de memoria de **p1**, en otras palabras, "**p2 apunta a p1**". ¿A qué me refiero con apunta? Vamos a verlo en esquema:

Nosotros al construir **p1** en memoria tenemos esto (como hemos venido viendo hasta ahora).

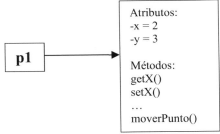

Pero al hacer **p2** = **p1** lo que hacemos es asignar **p2** a **p1**, de tal manera que tenemos esto:

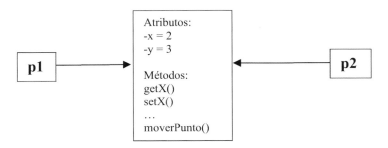

p1 y **p2** están apuntando a la misma región de memoria, es decir, están enlazados con la misma caja de atributos y métodos, por tanto, si realizamos algún cambio con **p1**, **p2** también sufrirá ese cambio y viceversa. Vamos a verlo en un momento:

```java
package main;

public class Main {

    public static void main(String[] args) {
        Punto p1 = new Punto(1, 1);
        Punto p2 = p1;

        System.out.println(p2.getX());
        p1.setX(10);
        System.out.println(p2.getX());
        System.out.println(p1.getX());

        p2.setY(20);
        System.out.println(p2.getY());
        System.out.println(p1.getY());
    }
}
```

Primero comprobamos por pantalla cuál es la **x** de **p2** y vemos que es la que le habíamos dado a **p1**. Después modificamos desde **p1** la **x** y al imprimirlo por pantalla vemos que tanto **p1** como **p2** tienen la misma **x**. Finalmente modificamos la **y** desde **p2** y vemos que **p1** y **p2** comparten la misma **y**.

Cuando en el constructor de **Circunferencia** hacemos **this.centro = centro;** lo que estamos haciendo es también una especie de asignación. Cuando igualamos los objetos de esta manera podemos verlo de dos formas:

1. Los atributos de ambos objetos se igualarán siempre que se pueda.

2. Ambos objetos apuntan a la misma región de memoria como hemos visto en el esquema de arriba.

Realmente la correcta es la segunda, pero si lo entendéis mejor como la primera forma podéis pensarlo así por ahora, poco a poco iréis aprendiendo como funcionan las cosas en **POO**, es todo cuestión de practicar y buscar información.

Voy a hace un pequeño inciso (de forma gráfica también) por si alguno se pierde cuando digo construir un objeto en memoria.

Cuando hacemos **Punto p1 = new Punto(0, 0);** lo que hacemos es crear un objeto en memoria RAM. Es la memoria volátil del sistema donde se almacenan todos los datos que usa un programa (por lo general). Una memoria RAM se divide en bloques pequeños de memoria, podemos representarlos con rectángulos:

0x000   0x001   0x002   · · ·

                       · · ·   0x035

Cada rectángulo representa un bloque de memoria de la RAM donde se almacenan datos y cada bloque tiene una dirección de memoria, en el caso de este ejemplo hay 36 bloques por lo que tenemos desde la dirección 0x000 hasta la dirección 0x035.

Cuando creamos un **int x = 7** lo que hacemos es meter en memoria RAM esa variable:

0x000   0x001   0x002   · · ·

x = 7								

                       · · ·   0x035

De tal manera que ahora **x** está en la memoria RAM y nuestros programas pueden usar dicha variable.

Para los que nunca hayáis visto una memoria RAM es así (hay varios tipos, pero esta es típica):

La zona marcada por un rectángulo azul representa la tabla que hemos hecho arriba, de tal manera que ahí es donde se almacena la información de nuestros programas. Prosigamos con la explicación.

Cuando nosotros construimos **p1** como he dicho arriba, **p1** también se guarda en memoria o se crea en memoria o se construye en memoria, como más os guste, de tal manera que tenemos esto:

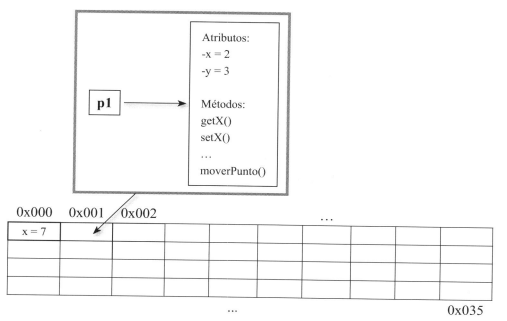

Todo nuestro objeto, tanto el nombre como su caja de atributos y de métodos queda almacenada en una dirección de memoria (bloque). A esto es a lo que me refiero cuando digo construir un objeto en memoria.

Pero todo esto es simplemente informativo, realmente no nos interesa donde se guarde si no como usar los objetos y es a lo que estamos aprendiendo.

2.2.1 Atributos y métodos static

Hemos visto que puede haber atributos **public** y **private**, pero también los puede haber de más tipos como **protected** o **static**.

Cuando nosotros creamos un atributo **static** este pasa a ser lo que se denomina "una variable de clase". Una variable de clase es un tipo de atributo de la clase al que podemos acceder sin necesidad de crear un objeto y que además, al contrario que los otros atributos que son independientes para cada objeto, estos no, estos son **comunes**.

Si volvéis atrás al código de la clase **Circunferencia** veréis que en **getArea()** uso **Math.PI**, esa es una variable de clase porque lo que hago es usar un atributo de esa clase sin construir un objeto del tipo **Math**.

Vamos a crear un atributo **static** en **Punto**:

```java
package main;

public class Punto {
    private int x, y;
    public static int puntosCreados = 0;

    public Punto(int x, int y) {
        this.x = x;
        this.y = y;
        Punto.puntosCreados++;
    }

    public int getX() {
        return x;
    }
}
```

Como podéis ver, hemos añadido **public static int puntosCreados = 0;** el cual vamos a usar como contador para saber el número de objetos de tipo **Punto** que creemos.

En este caso es perfecto que la variable sea compartida porque así cada vez que creemos un **Punto** solo hay que sumarle una unidad a **puntosCreados**.

Como podéis ver no hemos usado **this** para referirnos a **puntosCreados** y es por lo que os he dicho, **this** sirve para referirse a variables de los objetos, pero **puntosCreados** no es una variable de objeto, si no que es una variable de la clase, por tanto nos podemos referir a ella simplemente como **puntosCreados** o como he puesto yo (y más recomendable) **Punto.puntosCreados**.

Si ahora vamos al **main** y creamos tres objetos del tipo **Punto** y mostramos por pantalla **Punto.puntosCreados** el resultado debería ser 3, vamos a comprobarlo:

```java
package main;

public class Main {

    public static void main(String[] args) {
        Punto p1 = new Punto(1, 1);
        Punto p2 = new Punto(3, 1);
        Punto p3 = new Punto(3, -5);

        System.out.println(Punto.puntosCreados);
    }
}
```

Y efectivamente si lo ejecutamos el resultado es 3. Si os fijáis no hemos hecho **p1.puntosCreados** o **p2.puntosCreados** o **p3.puntosCreados**, lo hemos hecho desde la propia clase, es decir, **Punto.puntosCreados** y esta es la forma correcta de hacer.

Si lo hiciésemos con **p1**, **p2** o **p3** no nos daría fallo, pero nos daría el siguiente *warning*:

```
(p3.puntosCreados);
    The static field Punto.puntosCreados should be accessed in a static way
4 quick fixes available:
    Change access to static using 'Punto' (declaring type)
    Remove 'static' modifier of 'puntosCreados'
```

Nos dice que debe accederse de una forma estática y para poder hacer eso debemos llamarlo desde la clase y no desde los objetos.

Hacer esto además de ser correcto hace que el código sea más limpio y fácil a la hora de leer ya que si ves que estás usando el nombre de la clase y después una variable, esa variable es un atributo **static** de la clase.

Pero no solo podemos hacer los atributos **static**, los métodos también pueden serlo y, por tanto, deben ser llamados desde la clase y no desde los objetos.

```java
package main;

public class Punto {
    private int x, y;
    public static int puntosCreados = 0;

    public Punto(int x, int y) {
        this.x = x;
        this.y = y;
        Punto.puntosCreados++;
    }

    public static void puntosCreadosPorPantalla() {
        System.out.println("Hay " + Punto.puntosCreados + " puntos creados en memoria");
    }

    public int getX() {
        return x;
    }
}
```

Hemos creado un pequeño método en **Punto** para que nos imprima por pantalla el número de **Puntos** que hemos creado junto con una pequeña frase y nuevamente, este método debe llamarse desde la clase y no desde los objetos.

```java
package main;

public class Main {

    public static void main(String[] args) {
        Punto p1 = new Punto(1, 1);
        Punto p2 = new Punto(3, 1);
        Punto p3 = new Punto(3, -5);

        Punto.puntosCreadosPorPantalla();
    }
}
```

Volvamos un momento al método **puntosCreadosPorPantalla()**. Escribid dentro **this.x = 7;** o igual al número que queráis. ¿Os da un error, verdad?

Eso es porque dentro de una función o método **static SOLO** pueden ir dentro variables que también sean **static**.

Por el contrario las variables **static** pueden ir en cualquier tipo de función o método. Es algo un poco extraño, pero es importante que lo sepáis ya que os evitará errores en un futuro que puede que no sepáis de donde salen.

Vamos a ver un ejemplo más de uso de clases. Esta vez vamos a crear un sistema de alumnos y de universidad. Crearemos la clase alumno y la clase universidad. La clase universidad tendrá un **array** de alumnos como atributo más otros atributos. Si queréis antes de ver como lo hago yo podéis intentarlo primero para practicar. Antes de empezar con esta parte voy a explicar algo realmente útil en Java, los **ArrayList**.

2.2.2 Arraylist

Un **arraylist** es en esencia un **array**, pero mucho más interesante, funcional y útil ya que hace muchas cosas por nosotros de tal manera que no tengamos que programarlas y nos ofrece muchas opciones.

Como ya sabéis, un **array** nos permite guardar información de cualquier tipo de variable, desde variables básicas **int[] miArray;** hasta objetos **Punto[] miArray2;**. ArrayList nos permite lo mismo sólo que tiene una ventaja tremenda. En **array** para usarlo tenemos que darle un tamaño fijo, en **ArrayList** no hay que darle ningún tamaño (si no queremos, pero si queremos podemos). Es muy útil para programas en los que no sabemos el tamaño que tendrán nuestras listas, por ejemplo, el número de alumnos en una universidad, que es justo el ejemplo que os voy a presentar en nada.

Pero antes de ir con el ejemplo quiero explicaros bien **ArrayList**, ya que estoy seguro de que os va a encantar y a partir de ahora cada vez que necesitéis usar un **array** para guardar información os lo pensaréis mejor y usaréis **ArrayList**. Pero **ArrayList** no existe en C++, solo en Java.

Un **ArrayList**, como su nombre indica, se basa en una lista, pero, ¿en una lista de qué? De lo que nosotros queramos, pero solo de un tipo. Podemos tener una lista de **int**, una lista de **String**, una lista de **Punto**...

Vamos a hacer un pequeño ejemplo de añadir varios objetos de tipo **Punto** a un **ArrayList**:

```java
package main;

import java.util.ArrayList;

public class Main {

    public static void main(String[] args) {
        ArrayList<Punto> puntos = new ArrayList<Punto>();

        for(int i = 0; i < puntos.size(); i++) {
            puntos.add(new Punto(i, i + 3));
        }
    }
}
```

Como veis **ArrayList** tiene una estructura algo diferente a un objeto normal. Usa <> y esto tiene que ver con **Generics**, que es algo más avanzado y os recomiendo que investiguéis. Por el momento lo único que debéis saber es que lo que va entre <> es del tipo que va a ser la lista.

Una cosa importante es que si queréis hacer una lista de **int** no vale con poner **ArrayList<int> miLista = new ArrayList<>();** para **int** se debe poner **Integer**.

Otra cosa, si os da un error al usar **ArrayList** es porque debéis importar la clase como ya os enseñé.

En el ejemplo he hecho **ArrayList<Punto> puntos = new ArrayList<>();**, pero también vale **ArrayList<Punto> puntos = new ArrayList<Punto>();** es lo mismo y funciona igual. Es más limpio hacerlo de la primera forma ya que al no poner de qué es la lista en los segundos <>, Java infiere de qué es la lista y podemos evitar errores.

Si quisiésemos darle un tamaño fijo (aunque si después el tamaño se nos queda corto, podemos seguir añadiendo más cosas ya que Java se ocupa de aumentar el tamaño de la lista) debemos hacerlo en los () del final, si quisiésemos 5 **ArrayList<Punto> puntos = new ArrayList<>(5);**.

Ahora sí vamos a explicar el código. Lo primero que hacemos es crear un objeto del tipo **ArrayList** que nos almacenará objetos del tipo **Punto**. Después con un **for** (podría haber hecho 5 objetos **Punto** a mano, pero con **for** es más rápido porque los hace automáticamente) lo que hacemos es añadir 5 objetos de tipo **Punto** a nuestro **ArrayList**.

Si os fijáis hacemos **puntos.add()**, lo que quiere decir que **ArrayList** es una clase de la que podemos instanciar objetos y uno de los métodos de **ArrayList** es **add()** que es del tipo **void**.

Si hacéis **puntos.** y esperáis a que salga el cuadro de métodos veréis que hay un montón de métodos disponibles. Nosotros vamos a ver algunos, pero no todos. Vamos a ver los más útiles, el resto quedan a vuestro cargo para informaros de qué hacen.

Si hacemos **puntos.add** vemos que hay varios métodos similares. El que nos interesa es el que dice **add(Punto e)**, que nos permite añadir un **Punto** a la lista.

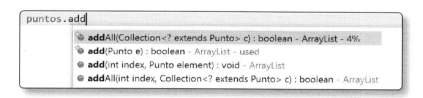

Cada vez que metemos un elemento nuevo a la lista de **puntos** se le asigna una posición, por eso en el segundo método **add(int index, Punto e)** tiene dos parámetros, uno para el objeto **Punto** y otro para la posición. Por lo general este segundo no se usa mucho, usaremos el primero.

Vamos a ver gráficamente como funciona un **ArrayList** y ya veréis que es muy sencillo de usar.

Vamos ahora con lo que ocurre en el **for**.

Primer ciclo

puntos.add(new Punto(i, i+3));

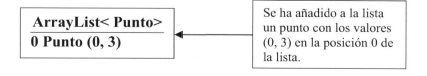

Segundo ciclo

puntos.add(new Punto(i, i+3));

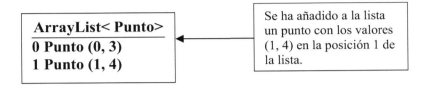

ArrayList< Punto>
0 Punto (0, 3)
1 Punto (1, 4)

Se ha añadido a la lista un punto con los valores (1, 4) en la posición 1 de la lista.

Tercer ciclo

puntos.add(new Punto(i, i+3));

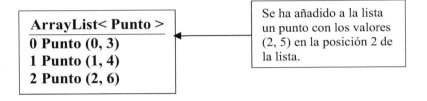

ArrayList< Punto >
0 Punto (0, 3)
1 Punto (1, 4)
2 Punto (2, 6)

Se ha añadido a la lista un punto con los valores (2, 5) en la posición 2 de la lista.

Cuarto ciclo

puntos.add(new Punto(i, i+3));

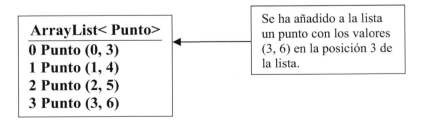

ArrayList< Punto>
0 Punto (0, 3)
1 Punto (1, 4)
2 Punto (2, 5)
3 Punto (3, 6)

Se ha añadido a la lista un punto con los valores (3, 6) en la posición 3 de la lista.

Cuarto ciclo

puntos.add(new Punto(i, i+3));

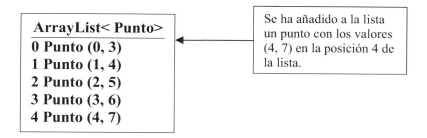

ArrayList< Punto>
0 Punto (0, 3)
1 Punto (1, 4)
2 Punto (2, 5)
3 Punto (3, 6)
4 Punto (4, 7)

Se ha añadido a la lista un punto con los valores (4, 7) en la posición 4 de la lista.

De tal manera que al final del **for** tenemos esta lista:

ArrayList< Punto>
0 Punto (0, 3)
1 Punto (1, 4)
2 Punto (2, 5)
3 Punto (3, 6)
4 Punto (4, 7)

Como hemos visto, podemos añadir objetos a nuestra lista, pero ¿Qué más podemos hacer? Bueno de nada nos serviría poder meter información si no vamos a poder acceder a ella y por supuesto tenemos un método que nos deja acceder a cada uno de los objetos de la lista:

```java
package main;

import java.util.ArrayList;

public class Main {

    public static void main(String[] args) {
        ArrayList<Punto> puntos = new ArrayList<Punto>();

        for(int i = 0; i < puntos.size(); i++) {
            puntos.add(new Punto(i, i + 3));
        }

        System.out.println(puntos.get(0).getX());
    }
}
```

Y como veis el método es **get()**. Tiene un parámetro de tipo **int** que hace referencia a la posición del objeto en la lista. Si os fijáis **get()** devuelve un objeto de tipo **Punto**, y esto es porque nuestro **ArrayList** es de objetos **Punto**. Pero nos devuelve el objeto **Punto** que hayamos metido en esa posición. En el código le digo que me devuelva el objeto en la posición uno y que se imprima por pantalla su atributo **x**, pero ¿Cómo? Pues como ya sabéis, cada objeto en memoria tiene su caja de atributos y métodos y aunque metamos los objetos en **ArrayList** cada objeto la sigue teniendo:

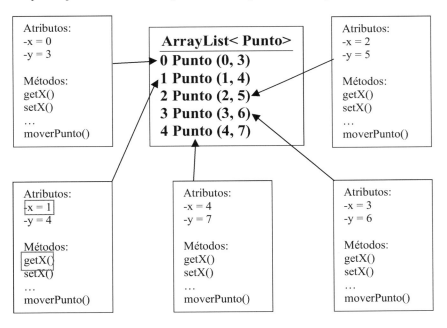

Por tanto podemos acceder a la caja de métodos y atributos de cada uno y lo que me debería de aparecer por pantalla es lo marcado en el esquema anterior, que la **x** del objeto **Punto** en la posición 1 de la lista vale 1, y efectivamente es lo que nos aparece por pantalla.

Hay un método que se llama **.size()** que nos devuelve un entero con el tamaño del **ArrayList**. Este método es muy útil si por ejemplo queremos recorrer todos los elementos de la lista con un **for**. Si quisiéramos imprimir por pantalla todas las **x** de los objetos de la lista haríamos:

```
for(int i = 0; i < puntos.size(); i++){
    System.out.println(puntos.get(i).getX());
}
```

Pero no solo podemos añadir y acceder, si no que también podemos eliminar objetos de la lista, lo cual es tremendamente útil. Para hacerlo debemos usar el método **.remove(int index)** donde **index** es el número de posición en la lista. Vamos a eliminar, por ejemplo, el elemento 3.

```java
package main;

import java.util.ArrayList;

public class Main {

    public static void main(String[] args) {
        ArrayList<Punto> puntos = new ArrayList<Punto>();

        for(int i = 0; i < puntos.size(); i++) {
            puntos.add(new Punto(i, i + 3));
        }

        puntos.remove(3);
        System.out.println(puntos.size());

        for (int i = 0; i < puntos.size(); i++) {
            System.out.println(puntos.get(i).getX());
        }
    }
}
```

Primero lo eliminamos con **.remove(3)** y después hacemos dos pruebas para asegurarnos de que realmente ya no está en la lista: primero imprimimos por pantalla **puntos.size()** que al principio es 5, pero al eliminar el elemento 3 sale 4, es decir, se ha eliminado 1 elemento de la lista, pero para cerciorarnos de que se ha eliminado el 3 de la lista, imprimimos por pantalla las **x** de los objetos y vemos que se imprime 0 1 2 4, el 3 no está y justamente es lo que valía la **x** del objeto en la posición 3, por lo que ya seguro sabemos que hemos eliminado ese.

Al eliminar los elementos que van detrás de el eliminado se reordenan, de tal manera que la lista queda así:

ArrayList\<Punto\>
0 Punto (0, 3)
1 Punto (1, 4)
2 Punto (2, 5)
3 Punto (4, 7)

Visto esto vamos con el ejemplo de los alumnos y la universidad. Usaremos un **ArrayList** para los alumnos y ademas haremos que sea un programa que se ejecute de manera constante (hasta meter la opción de salida) y que nos permita varias cosas, como añadir un alumno, eliminar un alumno, recoger alguno de sus datos

Es el ejemplo más largo que he hecho por el momento así que lo partiré en trozos para mejor explicación y visualización.

Primero he de decir que he hecho dos constructores diferentes tanto en **Alumno** como en **Universidad**, no vamos a usar ambos, solo uno de cada uno, pero es interesante que sepáis que puede haber más de un constructor y que todos ellos construyen los objetos en memoria. Lo único es que no puede haber dos constructores iguales, es decir, todos deben tener diferente número de parámetros.

Vamos primero con **Alumno**. Simplemente os mostraré los constructores y los atributos ya que el resto de métodos son solo los **getters** y los **setters**.

Alumno

```
package main;

public class Alumno {
    private String nombre;
    private String apellidos;
    private int edad;
    private int idAlumno;
    private String carrera;

    public Alumno(String nombre, String apellidos, int idAlumno, String carrera) {
        this.nombre = nombre;
        this.apellidos = apellidos;
        this.idAlumno = idAlumno;
        this.carrera = carrera;
    }

    public Alumno(String nombre, String apellidos, int edad, int idAlumno, String carrera) {
        this.nombre = nombre;
        this.apellidos = apellidos;
        this.edad = edad;
        this.idAlumno = idAlumno;
        this.carrera = carrera;
    }
```

Como podéis ver tenemos como atributos típica información que te pueden pedir o te darán en una universidad, el nombre, los apellidos, la edad, el id de alumno, la carrera Podéis añadir tantos como creáis convenientes.

Tenemos un constructor con más parámetros y otro con menos, usaremos el de menos parámetros. Si os fijáis en el de menos parámetros no le damos ningún valor a **edad**, convendría darle el valor 0, para que tenga alguno, pero esto lo hace Java automáticamente. De todas formas es conveniente dar un valor inicial a todos los atributos en los constructores.

El resto de métodos, como os he dicho, están debajo y son solo **getters** y **setters**.

Universidad

```java
package main;

import java.util.ArrayList;

public class Universidad {
    private ArrayList<Alumno> alumnos;
    private String nombre;
    private String direccion;

    public Universidad(String nombre) {
        this.alumnos = new ArrayList<Alumno>();
        this.nombre = nombre;
    }

    public Universidad(String nombre, String direccion) {
        this.alumnos = new ArrayList<Alumno>();
        this.nombre = nombre;
        this.direccion = direccion;
    }
```

Esta vez como atributos tenemos el **ArrayList** de **Alumno**, un nombre de la universidad y una dirección. Nuevamente usaremos el constructor corto. Si os fijáis, no hay ningún parámetro **ArrayList** en los constructores, si no que construimos el objeto **alumnos** dentro de los constructores. Esto es porque no nos van a pasar como parámetro un **ArrayList** de **Alumno** con todos los alumnos de la universidad, si no que a mano vamos a meterlos, por lo que no necesitamos pasarlo como parámetro. En el caso de que en el **main** si que tuviésemos un **ArrayList** de **Alumno** que quisiésemos usar podríamos meter **ArrayList<Alumno> alumnos** como parámetro e igualarlo para usar ese **ArrayList** del **main** en vez de meterlo todo a mano y trabajar con el que nos pasan.

```java
public void anadirAlumno(Alumno alumno) {
    this.alumnos.add(alumno);
}

public boolean eliminarAlumno(int idAlumno) {
    for(int i = 0; i < this.alumnos.size(); i++) {
        if(alumnos.get(i).getIdAlumno() == idAlumno) {
            alumnos.remove(i);
            return true;
        }
    }
    return false;
}
```

Luego tenemos dos métodos importantes: **anadirAlumno()** y **elimnarAlumno()**. Son los métodos que añadirán o quitarán objetos de tipo **Alumno** de nuestra lista.

anadirAlumno(Alumno a) es muy sencillo. Solo tenemos que pasarle un objeto de tipo **Alumno** como parámetro y lo añadimos al **ArrayList alumnos** de **Universidad**.

eliminarAlumno(int idAlumno) ya tiene algo más de chicha. Necesitamos algún dato para poder eliminar el alumno. Como puede haber nombres repetidos, yo me he decantado por usar el **idAlumno** que será único para cada **Alumno**. Lo que hago es mirar en cada uno de los objetos **Alumno** de nuestra lista y compruebo si el **idAlumno** de algún alumno de la lista coincide con el que le he pasado como parámetro, si coincide lo eliminamos y devolvemos **true** y si no lo encuentra devolvemos **false**. Si este método os confunde un poco volved al esquema de la página 141 y mirad eso y el código.

```java
public String nombreAlumno(int idAlumno) {
    for(int i = 0; i < this.alumnos.size(); i++) {
        if(alumnos.get(i).getIdAlumno() == idAlumno) {
            return alumnos.get(i).getNombre();
        }
    }
    return "No existe un alumno con ese id.";
}

public String apellidosAlumno(int idAlumno) {
    for(int i = 0; i < this.alumnos.size(); i++) {
        if(alumnos.get(i).getIdAlumno() == idAlumno) {
            return alumnos.get(i).getApellidos();
        }
    }
    return "No existe un alumno con ese id.";
}

public String carreraAlumno(int idAlumno) {
    for(int i = 0; i < this.alumnos.size(); i++) {
        if(alumnos.get(i).getIdAlumno() == idAlumno) {
            return alumnos.get(i).getCarrera();
        }
    }
    return "No existe un alumno con ese id.";
}
```

Finalmente tenemos estos tres métodos que nos darán la información específica de un **Alumno**. Siguen el mismo principio que **eliminarAlumno()** solo que aquí no eliminamos. Si se encuentra al alumno mediante su **idAlumno**, se devuelve en forma de **String** los datos solicitados y si no encuentra al alumno por su **idAlumno** nos devuelve el **String** que véis.

Vamos con el menú que he creado en el **main**:

```java
public class Main {

    public static void main(String[] args) {
        Universidad uni = new Universidad("UniEjemplo");
        int opcion = 0;
        boolean salir = false;
        Scanner sc = new Scanner(System.in);
```

Lo primero de todo creamos un objeto de tipo **Universidad** y le pasamos un nombre como parámetro. El **int opcion** nos servirá para el **switch** después de que metamos por teclado que opción queremos. Como queremos que se ejecute de manera constante, usamos un **while** y lo que lo mantiene activo es que el **boolean salir** sea **false**. Finalmente creamos un objeto de tipo **Scanner**.

```java
while(!salir) {
    System.out.println();
    System.out.println("Sistema de gestion de Alumnos de la universidad de Ejemplo")
    System.out.println("Elige una de las opciones");
    System.out.println("(1) Anadir alumno");
    System.out.println("(2) Eliminar alumno");
    System.out.println("(3) Informacion alumno");
    System.out.println("(4) Lista de todos los alumnos");
    System.out.println("(5) Salir");

    opcion = sc.nextInt();
```

Comenzamos con el **while** y cada vez que se ejecute nos imprimirá este menú por pantalla. Si véis, justo debajo de los **System.out...** tenemos el **sc** para darle un valor a **opcion**.

Vamos con el **switch** y con el primer **case**:

```java
switch(opcion) {
case 1 : System.out.println("Introduce el nombre del alumno: ");
        sc.nextLine();
        String nombre = sc.nextLine();
        System.out.println("Introduce los apellidos del alumno: ");
        String apellidos = sc.nextLine();
        System.out.println("Introduce el id del Alumno: ");
        int idAlumno = sc.nextInt();
        boolean repetido = false;

        if(uni.getAlumnos().size() > 0) {
            while(!repetido) {
                for(int i = 0; i < uni.getAlumnos().size(); i++) {
                    if(uni.getAlumnos().get(i).getIdAlumno() == idAlumno) {
                        repetido = true;
                    }
                }

                if(repetido) {
                    System.out.println("El id introducido ya pertenece a un alumno");
                    System.out.println("Introduce el id del alumno: ");
                    idAlumno = sc.nextInt();
                    repetido = false;
                }
            }
        }

        sc.nextLine();
        System.out.println("Introduce la carrera del alumno: ");
        String carrera = sc.nextLine();
        uni.anadirAlumno(new Alumno(nombre, apellidos, idAlumno, carrera));
    break;
```

Hacemos el **switch** en función del número metido por teclado que le hemos dado a **opcion**. Vemos que tenemos **case 1**. Este **case** nos permite añadir un **Alumno** a la lista de **alumnos** de **uni**. Si os fijáis hay un **sc.nextLine()** justo antes de **String nombre = sc.nextLine();** esto es porque cuando usamos un mismo **Scanner** para **int** y **String** cuando metemos primero un **int** por teclado y después el **String**, el **Scanner** asigna al **String** un hueco en blanco directamente, por lo que nuestro nombre valdría "". Por eso ponemos primero ese **sc.nextLine();** y después el bueno que vamos a usar.

Pedimos todos los datos y los almacenamos en variables. Llegamos a meter el **idAlumno**. Debemos hacer un filtro, ya que el **idAlumno** no se puede repetir. Con la primera condición estamos diciendo que si no hay objetos **Alumno** en la lista de **uni**, no tenemos que entrar en el bucle, pero si como mínimo hay 1 objeto **Alumno** en la lista, entonces entramos en el **while**. Suponemos desde un principio que el **idAlumno** está repetido. Recorremos todos los objetos **Alumno** de la lista y comprobamos uno a uno si el **idAlumno** metido por teclado coincide con el de algún **Alumno** en la lista. Si está repetido nos lo notifica y volveremos a meter el **idAlumno** hasta que no esté repetido. Si no está repetido salimos del bucle.

Finalmente creamos y añadimos un nuevo objeto **Alumno** en un solo paso a nuestra lista. Si os resulta más sencillo podemos hacer:

Alumno a = new Alumno(nombre, apellidos, idAlumno, carrera);
uni.add(a);

Tendría el mismo resultado y así hemos añadido un **Alumno** a la lista.

```java
case 2 : System.out.println("Introduce el id del alumno: ");
         int alumnoEliminar = sc.nextInt();
         if(uni.eliminarAlumno(alumnoEliminar)) {
             System.out.println("Alumno eliminado de la lista de la universidad");
         }else {
             System.out.println("El alumno no existe en la base de datos");
         }
    break;
case 3 : System.out.println("Introduce el id del alumno: ");
         int alumnoInfor = sc.nextInt();
         System.out.println("(1) Obtener nombre");
         System.out.println("(2) Obtener apellidos");
         System.out.println("(3) Obtener carrera");

         int info = sc.nextInt();

         switch(info) {
             case 1 : System.out.println(uni.nombreAlumno(alumnoInfor));
                 break;
             case 2 : System.out.println(uni.apellidosAlumno(alumnoInfor));
                 break;
             case 3 : System.out.println(uni.carreraAlumno(alumnoInfor));
         }
    break;
```

El segundo **case** nos permite eliminar un **Alumno** de la lista. Es tan simple como pedir el **idAlumno** por teclado y llamar al método de **Universidad** que elimina alumnos. Como devuelve **true** o **false** aprovecho y lo meto en un **if** de tal manera que si es **true** y lo elimina lo notifique y si es **false** que nos diga que no existe el alumno.

El tercer **case** usa un **switch** para determinar que información del alumno queremos obtener. Primero metemos su **idAlumno** y después dependiendo de la opción obtenemos su **nombre**, **apellidos** o **carrera**. Yo no lo he hecho pero podéis añadir un filtro para detectar que haya un **Alumno** con el **idAlumno** que metemos por teclado.

```
                                    break;
                    case 3 : System.out.println(uni.carreraAlumno(alumnoInfor));
                }
            break;
        case 4 : System.out.println("Lista de los alumnos de la universidad");
                System.out.println("----------------------------------------");
                for(int i = 0; i < uni.getAlumnos().size(); i++) {
                    System.out.println("nombre: " + uni.getAlumnos().get(i).getNombre() +
                                " apellidos: " + uni.getAlumnos().get(i).getApellidos() +
                                " idAlumno " + uni.getAlumnos().get(i).getIdAlumno() +
                                " carrera " + uni.getAlumnos().get(i).getCarrera());
                }
            break;
        case 5 : salir = true;
                System.out.println("Saliendo del sistema...");
            break;
        default : System.out.println("No se reconoce el comando...");
        } ◄─────── Cierra el switch
    } ◄────── Cierra el while
  } ◄──────── Cierra el main
} ◄────────── Cierra la clase
```

El cuarto **case** es muy sencillo, muestra los datos de los alumnos de la lista de **uni** en un **System.ou.println()** un tanto largo ya que lleva muchos datos.

El quinto **case** pone **salir** a **true** de tal manera que ya no se ejecute más el menú y se acabe el programa.

El código está estructurado como en las imágenes por lo que si lo copiáis como está os funcionará y podréis ver cómo funciona.

Antes de pasar de punto, en la primera parte del libro os comenté algo sobre paso por **referencia** y paso por **valor**. En java tanto las variables básicas como los objetos pasan por **valor** y al pasarse se hacen copias de su **valor** o **referencia** dependiendo de si es un objeto o no. La diferencia radica en que cuando pasamos un objeto (copia de su **referencia**) a un método, si le cambiamos los valores de sus atributos, estos mantendrán los cambios, pero si lo hacemos con una variable básica los cambios no se le aplicarán.

2.3 HERENCIA

La herencia es uno de los bloques más usados en lo que a la **POO** se refiere. Nos permite reutilizar código muchas veces de tal manera que no haya que volver a escribirlo, favorece el mantenimiento y las extensiones de las aplicaciones.

La herencia en programación es algo similar a la herencia en la vida real. Cada uno de nosotros nos parecemos en algo a alguno de nuestros padres o incluso a los dos. Esto quiere decir que nosotros tenemos nuestras características más las que hemos heredado de nuestros padres.

Pues en la programación es igual. Una clase puede heredar de otra clase y lo que conseguimos con eso es que la clase hija (la que hereda de otra clase), tenga sus características propias más las características de la clase padre (de la que se hereda).

Lo mejor va a ser verlo a través de un ejemplo. Usaremos la clase **Alumno** como ejemplo. Imaginemos que ahora la universidad donde usan nuestro sistema de información **Universidad**, **Alumno** acepta alumnos de intercambio. Podríamos añadir varios atributos a la clase **Alumno** y hacer una distinción interna entre alumnos locales y de intercambio, o mucho mejor, ya que estamos aprendiendo a usar la **POO** creamos un objeto **AlumnoIntercambio**.

Como **AlumnoIntercambio** en el fondo también es un **Alumno** va a tener los mismo atributos que **Alumno** además de algunos otros, entonces ¿Volvemos a escribir una clase que sea una copia de **Alumno** y le añadimos algún otro método y atributo? La respuesta es que no, porque tenemos la herencia.

Como he dicho antes, la herencia nos va a permitir usar todos los métodos y atributos (**public o protected**) de la clase padre en la clase hija, pero **nunca** podremos usar los atributos o métodos de la clase hija en la padre y si os fijáis tiene sentido, tú has heredado rasgos o características de tus padres, pero tus padres de ti no pueden heredar nada en ese sentido. Pues en la programación es igual.

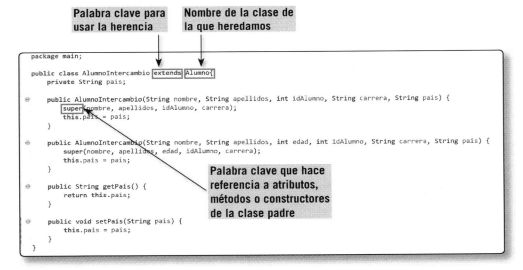

Vemos tres cosas nuevas en el código. Lo primero **extends**, que no tiene ninguna complicación en realidad. Se pone después del nombre de la clase para indicar que queremos que nuestra clase herede de otra, después ponemos el nombre de la clase de la que queremos que herede y listo.

Lo que si puede traer algún quebradero de cabeza es el **super**. Como os he explicado en las anotaciones, **super** puede referirse al constructor, a los atributos y a los métodos. Realmente para los atributos y métodos funciona igual, pero para los constructores cambia un poco.

Vemos que tenemos dos constructores en la clase y además un montón de atributos que no están en nuestra clase **AlumnoIntercambio.** Esto es porque cuando creamos un objeto que hereda de otro, al construirlo debemos llamar al constructor de la clase padre (si lo tiene) ya que si no lo llamamos, nos dará un error.

Para llamar al constructor de la clase padre usamos **super()** y dentro de los () van todos los parámetros que lleve el constructor de la clase padre **en el mismo orden que en la clase padre**. Por eso hay tantos parámetros en los constructores y además tenemos dos constructores porque en la clase padre hay dos también, aunque realmente no es necesario crear los dos constructores, solo los que vayamos a usar. Si por ejemplo el constructor largo solo lo vamos a usar en **Alumno** y no en **AlumnoIntercambio** no es necesario que lo creemos.

Este esquema representa lo que ocurre al construir un objeto que hereda:

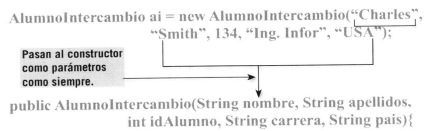

```
AlumnoIntercambio ai = new AlumnoIntercambio("Charles",
                         "Smith", 134, "Ing. Infor", "USA");

Pasan al constructor
como parámetros
como siempre.

public AlumnoIntercambio(String nombre, String apellidos,
                int idAlumno, String carrera, String pais){

        super(nombre, apellidos, idAlumno, carrera);
        this.pais = pais;
}



public Alumno(String nombre, String apellidos,
              int idAlumno, String carrera){

        this.nombre = nombre;
        this.apellido = apellido;
        ...
}
```

super llama al constructor de la clase padre y le pasa los parámetros

Es muy importante que sepáis que Java no soporta la herencia múltiple, es decir, que no podemos hacer que una clase herede de varias:

public class ejemplo extends clase1, clase2…{}

Eso no es correcto, solo podemos heredar de una clase.

Vamos a crear un objeto del tipo **AlumnoIntercambio** en el **main** y veamos como funciona:

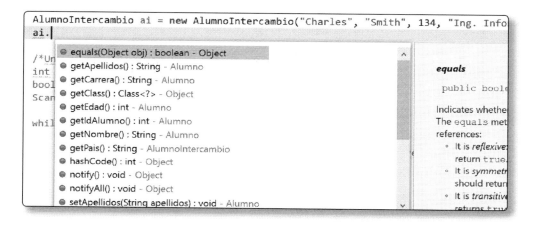

Como veis, al crear el objeto y hacer **ai.** nos aparece como siempre el cuadro con todos los métodos y atributos que podemos usar. Si os fijáis bien aparecen los métodos de **Alumno** y que aparezcan ahí quiere decir que se pueden usar, por lo que la herencia está funcionando perfectamente.

Es importante que os fijéis a la derecha de cada método porque viene el nombre de la clase donde se encuentra y si os fijáis aún mejor hay algunos métodos que nosotros no hemos programado, como **toString()**, **notify()** y además pone que son de una clase que se llama **Object**.

La cosa es que en Java la clase padre de todo el lenguaje de programación es **Object**, de esta clase heredan todos los objetos que nosotros vayamos a crear y todos los que nos da ya Java, como **Scanner**, **ArrayList**, **Integer**… Absolutamente todos los objetos y esta clase **Object** tiene unos métodos de serie que son comunes a todos los objetos que creemos, por eso cada vez que creemos un objeto, aunque no le escribamos ningún método, tendrá los de **Object**.

Vamos a ver un ejemplo de herencia que creo que os puede ser útil. Vamos a crear una clase llamada **MyArrayList** que va a heredar, como podéis suponer, de **ArrayList**. Esta clase va a poder hacer lo mismo que **ArrayList**, pero vamos a añadirle más métodos para que sea un objeto más completo aún.

En Java existe una clase llama **Random**. Se usa sobre todo para sacar número aleatorios. La forma de usarlo es la siguiente:

Random rand = new Random();
int x = rand.nextInt(10);

Este ejemplo nos devuelve en **x** un número aleatorio entre 0 y 9. Si queremos que sea, por ejemplo, entre dos valores (3 y 10) se hace así:

Random rand = new Random();
int x = rand.nextInt(11 - 3) + 3;

Primero el valor máximo, luego le restamos el valor mínimo y al final le sumamos el mínimo, de tal manera que si el **rand** nos devuelve 0, tenemos que al sumarle 3 sale el mínimo que queríamos, 3. Si sale un 10 le restamos 3 y sale 7, pero con el 3 que le sumamos el máximo que queríamos del rango. Y esto se aplica para todos.

Nosotros vamos a hacer un **get(int index)** de **ArrayList**, pero que nos devuelva un objeto aleatorio de entre todos los que guarda en su lista.

Para ello creamos la clase, hacemos que herede de **ArrayList,** crearemos su constructor y añadiremos el método.

```java
package main;

import java.util.ArrayList;
import java.util.Random;

public class MyArrayList<E> extends ArrayList<E>{

    public MyArrayList() {
        super();
    }

    public E getRandom() {
        return super.get(new Random().nextInt(super.size()));
    }
}
```

La clase nos quedaría así. ¿Qué es eso de **MyArrayList<E>** y lo mismo para **ArrayList<E>**?

Es lo que se denomina un **generic**. Los **generic** permiten añadir objetos de un tipo a la clase, no como parámetro de constructor si no como parámetro de clase.

Si os dais cuenta, cuando nosotros creamos un **ArrayList** usamos <> y dentro le metemos el objeto que queramos, bueno pues la **<E>** hace referencia a esa clase que nosotros queramos.

Como no sabemos que tipo de clase vamos a meter, usamos la variable **E** como clase general, de tal manera que si os fijáis, en nuestro método **getRandom** devolvemos **E**, pero cuando creemos un objeto **MyArrayList** esa **E** pasará a ser una clase real y es el que devolveremos. Si hacemos **MyArrayList<Integer>** devolveremos un **Integer**…

Los **generic** normalmente se usan para almacenar datos, pero esto ha sido solo una breve explicación, ya habrá tiempo de verlos más en profundidad más a delante. Con que sepáis ahora mismo que hay que ponerlo en el nombre de la clase y en el de la que heredamos vale.

Como os he dicho el método devuelve **E**, pero **E** cuando creemos el objeto será lo que vaya entre <>. Lo que ocurre en el método es que finalmente vamos a devolver un objeto aleatorio de la lista. Vamos paso a paso viendo que ocurre:

Primero hacemos **super.get()**, con eso lo que hacemos es llamar al método **get()** de la clase padre. Si hacéis **super.** podréis ver todos los métodos y atributos de la clase padre a los que podemos acceder.

Después construyo directamente un objeto de tipo **Random** y algo que no os había comentado es que en el momento de únicamente construir un objeto podemos acceder a sus métodos y atributos, de tal manera que construyo el objeto y directamente uso su método **nextInt(int bound)** donde el parámetro va a ser el tamaño de la lista, para que así me escoja un objeto aleatorio de entre la posición 0 al último.

Como véis el constructor no hace mucho realmente. **ArrayList** tiene varios constructores, uno de ellos es el constructor vacío, que es el que simplemente nos crea el objeto **ArrayList** sin ningún tipo de dato dentro, pero listo para usarse. En este caso ese es el que nos interesa.

Como no nos interesa meter ningún atributo más, simplemente creamos el constructor de nuestra clase y con **super()** llamamos al constructor vacío de la clase padre. Hemos creado también un constructor vacío en nuestra clase.

Los constructores vacíos lo que hacen por lo general es dar valores predeterminados a los atributos de las clases, por ejemplo, en nuestra clase **Alumno**, si tuviésemos uno daría valores a los atributos tal que así:

nombre = "";
apellidos = "";
idAlumno = 0; ...

Vamos a crear un objeto de nuestra nueva clase, a añadirle unos cuantos objetos a la lista y a probar nuestro método nuevo. Vamos a hacer que sea un **MyArrayList<Integer>** para que sea más fácil meter los valores a la lista.

```java
package main;

//import java.util.Scanner;

public class Main {

    public static void main(String[] args) {

        MyArrayList<Integer> list = new MyArrayList<Integer>();
        list.add(0);
        list.add(1);
        list.add(23);
        list.add(-17);
        list.add(100);

        while(true) {
            System.out.println(list.getRandom());
        }
    }
```

Con este pequeño programita lo que hacemos es añadir varios números a nuestro objeto **list** y en un bucle infinito se van seleccionando de forma aleatoria cualquiera de los números que hemos metido en la lista.

Para parar un programa en ejecución hay que darle al rectángulo que estará en rojo en la ventana de consola:

```
Console    Problems  @ Javadoc  Declaration  Progress  Gradle Tasks                               ■ X
<terminated> Main (1) [Java Application] E:\JavaAndroid\Java\jre1.8.0_131\bin\javaw.exe (28 sept. 2017 17:19:03)
0
23
23
0
-17
```

A mi me sale en gris porque el programa ya no está en ejecución, pero cuando lo esté os aparecerá en rojo.

Cuando hacemos que una clase herede de otra tenemos dos formas posibles de declarar el objeto: declararlo como la propia clase o declararlo como la clase padre, es decir, podemos hacer:

MyArrayList<Integer> miLista = new MyArrayList<>();

o

ArrayList<Integer> miLista = new MyArrayList<>();

Y como podréis imaginar no es lo mismo. Si declaramos el objeto como la propia clase no hay ningún problema, podemos usar tanto los métodos y atributos (**public y protected**) de la clase padre y de la clase que creamos.

Pero si lo declaramos como la clase padre, aunque construyamos el objeto como la clase hija, no podremos acceder a los métodos de la clase hija, únicamente a los de la clase padre, es casi como si lo declarásemos y construyésemos como un objeto de la clase padre.

Lo que nunca podremos hacer es declarar como la clase hija y construir el objeto como la clase padre.

Otra nomenclatura que podéis encontraros si buscáis información por internet sobre la herencia es que llamen superclase a la clase padre y subclase a la clase hija, ambas cosas son lo mismo, pero ya depende de vosotros como queráis llamarlas.

2.4 POLIMORFISMO

Si hablamos de herencia lo que va seguido de forma natural es el polimorfismo.

Una forma de rápida de explicar el polimorfismo es hacer que una mismo método haga diferentes cosas dependiendo de la clase donde se ejecute.

Vamos a ver esto con un ejemplo. Suponemos que añadimos el siguiente método a nuestra clase **Alumno**:

```
public void infoPorPantalla(){
    System.out.println("nombre: " + this.nombre +
    "apellidos: " + this.apellidos + "país: España");
}
```

Este método nos vale para **Alumno**, pero si lo usamos desde un objeto de tipo **AlumnoIntercambio** no nos vale ya que su país no va a ser España.

Aquí el polimorfismo es donde nos viene muy bien ya que nos permite redefinir un método de una clase a otra.

Vamos a añadir lo primero este método a nuestro código. Lo segundo es añadir el mismo método en la clase hija, pero con el código de dentro modificado. Para que se de el polimorfismo hasta los parámetros deben ser iguales y en el mismo orden.

Alumno

```java
public void infoPorPantalla() {
    System.out.println("nombre: " + this.getNombre() +
            " apellidos: " + this.getApellidos() + " pais: España");
}
```

AlumnoIntercambio

```java
public void infoPorPantalla() {
    System.out.println("nombre: " + this.getNombre() +
            " apellidos: " + this.getApellidos() + " pais: " + this.getPais());
}
```

Vamos ahora a crear dos objetos, uno de tipo **Alumno** y el otro **AlumnoIntercambio** y vamos a ejecutar ambos métodos:

```java
public static void main(String[] args) {

    Alumno a = new Alumno("Pedro", "Contreras", 001, "Ing. Infor");
    AlumnoIntercambio ai = new AlumnoIntercambio("Charles", "Smith", 134, "Ing. Infor", "USA");
    a.infoPorPantalla();
    ai.infoPorPantalla();
```

Si ejecutamos este código veremos que aunque usemos un método con igual nombre los resultados son diferentes.

Esto es básicamente el polimorfismo, se basa en sobreescribir los métodos de la clase padre para las clases hijas porque puede que una superclase tenga 5 subclases y que queramos que un método de la padre funcione diferente para cada una de las hijas.

Una de las ventajas de la herencia es que nos permite añadir varios objetos a un **ArrayList** por ejemplo. Si creamos **ArrayList<Alumno> list = new ArrayList<>();** podemos añadir tanto objetos **Alumno** como objetos **AlumnoIntercambio** y el polimorfismo se mantiene.

Ahora, un inconveniente de hacer esto es que al tener **<Alumno>** cuando nosotros hagamos **list.get(1)** (imaginemos que en la posición 1 hemos metido un objeto de tipo **AlumnoIntercambio**) solo podremos acceder a los métodos y atributos de **Alumno**, lo mismo que nos pasaba al declarar el objeto como la clase padre y construirla como la clase hija.

Una forma de arreglar esto es haciendo un **downcast** o un **cast**. Hay veces que no es muy recomendable hacerlo si no se tiene mucha idea, pero os voy a explicar en que consiste. La idea es cambiar la referencia un objeto declarado como la clase padre y construido como la hija en uno declarado y construido por la hija, por ejemplo

AlumnoIntercambio a2 = (AlumnoIntercambio)list.get(1);

De esta manera ahora **a2** apunta a la región de memoria donde se aloja **list. get(1)** y puede acceder a los métodos y atributos de **AlumnoIntercambio** a los que podría acceder el objeto que guardamos en la posición 1.

Este **cast** que hemos hecho no podríamos hacérselo a un objeto declarado y construido como la clase padre ya que nos daría un error en tiempo de ejecución.

Si no queremos guardarlo en una variable, podemos hacer un **cast** directo desde **list.get(1)** de la siguiente manera:

((AlumnoIntercambio)list.get(1)).getPais();

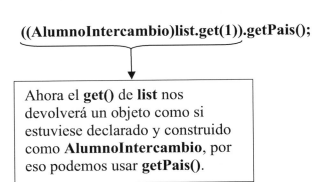

Ahora el **get()** de **list** nos devolverá un objeto como si estuviese declarado y construido como **AlumnoIntercambio**, por eso podemos usar **getPais()**.

El polimorfismo muchas veces se usa para reescribir el comportamiento de métodos de la clase **Object**. Si llamamos al método **toString()** de cualquier objeto que creemos de nuestras clases nuevas (con las que nos da Java no tiene por qué ser así), por ejemplo, **Alumno**, nos devuelve un **String** con la dirección de memoria donde se encuentra. Esta información puede sernos útil, pero por lo general queremos que **toString()** nos devuelva algún tipo de información acerca del objeto que no sea su dirección de memoria, por tanto podemos sobreescribir este método como os acabo de explicar.

2.5 CLASES Y MÉTODOS ABSTRACTOS

Hasta ahora hemos visto que de todas las clases que creamos podemos construir objetos. Pues bien, vamos a ver un tipo de clase de la que **NO** podemos construir objetos.

¿Y de qué nos sirve tener una clase de la que no podremos construir un objeto? Pues para lo mismo que la herencia, para ahorrar código. Vamos a seguir usando el ejemplo de la universidad, pero cambiando algunos detalles.

A vamos a crear una clase llamada **AlumnoLocal**, que sea una subclase de **Alumno**. La clase quedará así:

```java
package main;

public class AlumnoLocal extends Alumno{
    private String ciudad;

    public AlumnoLocal(String nombre, String apellidos, int idAlumno, String carrera, String ciudad) {
        super(nombre, apellidos, idAlumno, carrera);
        this.ciudad = ciudad;
    }

    public AlumnoLocal(String nombre, String apellidos, int edad, int idAlumno, String carrera, String ciudad) {
        super(nombre, apellidos, edad, idAlumno, carrera);
        this.ciudad = ciudad;
    }

    public void infoPorPantalla() {
        System.out.println("nombre: " + super.getNombre() +
            " apellidos: " + super.getApellidos() + " ciudad: " + this.getCiudad());
    }

    public String getCiudad() {
        return ciudad;
    }

    public void setCiudad(String ciudad) {
        this.ciudad = ciudad;
    }
}
```

Es como la clase **AlumnoIntercambio** solo que en esta clase ahora damos la **ciudad** de donde es el alumno (con local suponemos que es del país de la universidad).

Como podéis suponer, un alumno ahora por narices o es **AlumnoIntercambio** o es **AlumnoLocal** (vamos a obviar el caso de que haya venido un alumno extranjero a vivir al país).

Por tanto, ¿De qué nos sirve la clase **Alumno** ahora? Bueno pues **Alumno** contiene atributos que ambos tipos de alumnos comparten. También comparte los métodos. Resumiendo: La clase **Alumno** unifica varios datos que necesitan tanto **AlumnoIntercambio** como **Alumno** local, pero ahora mismo no nos compensa construir un objeto de tipo **Alumno** ya que al final un alumno va a ser, como he dicho, o **AlumnoIntercambio** o **AlumnoLocal**.

Como queremos que **Alumno** sea una clase de unificación de datos únicamente, vamos a hacerla **abstracta**. Para hacer una clase **abstracta** solo hay que añadir **abstract** al nombre de la clase:

```java
public abstract class Alumno {
    private String nombre;
    private String apellidos;
    private int edad;
    private int idAlumno;
    private String carrera;
```

El resto lo dejamos como estaba. Si teníais un objeto de tipo **Alumno** declarado y construido como **Alumno** únicamente en el **main**, veréis que os da un error. Esto es, porque como os he comentado, no podemos crear un objeto de una clase abstracta. Lo que si que podemos hacer es declarar un objeto como una clase abstracta y construirlo como una subclase de la clase abstracta, por ejemplo:

Alumno a1 = new AlumnoLocal("Pedro", "Martinez", 001, "Ing. Infor", "Logroño");

Esto si lo podemos hacer y es perfectamente correcto, pero como ya sabemos, al hacer esto solo podremos acceder a los métodos y atributos a los que podríamos acceder en **Alumno**.

Una cosa curiosa que podéis estar pensando es: y si no puedo crear un objeto de una clase abstracta, ¿Para qué quiero que tenga un constructor? Pues es una pregunta interesante. Cuando creamos un objeto de una subclase, por lo general se suele llamar a **super()**. En el caso de las clases hijas de una abstracta también y el constructor de la clase abstracta sirve para inicializar todos esos atributos que va a tener la clase hija. En resumen, no crea el objeto, si no que sirve para dar valores iniciales a los atributos para después en la subclase recogerlos y crear el objeto con esos datos.

Ahora vamos a ver qué es un método abstracto. Cuando creamos una clase abstracta y tenemos métodos que queremos que se comporten de forma distinta en las clases hijas, se suelen usar los métodos abstractos. Estos métodos son algo especiales ya que están hechos para solo escribir su cabecera en la clase abstracta y definir su comportamiento en las clases hijas.

Vamos a ver este ejemplo con la función **infoPorPantalla**:

```java
public abstract void infoPorPantalla();

public String getNombre() {
    return this.nombre;
}

public void setNombre(String nombre) {
    this.nombre = nombre;
}
```

Como veis hemos eliminado todo el contenido de la función, le hemos añadido **abstract** y terminamos la función en **;**. Ahora dos apuntes muy importantes:

1. Los métodos abstractos **SOLO** pueden existir en clases que sean abstractas.

2. Los métodos abstractos deben ser sobreescritos en **TODAS** las subclases.

Para demostrar esto, probad a cambiarle el nombre al método **infoPorPantalla** en la clase **AlumnoLocal** (o en la otra, dará el mismo fallo).

Os aparecerá un mensaje como este:

```
AlumnoLocal extends Alumno{
    The type AlumnoLocal must implement the inherited abstract method Alumno.infoPorPantalla()
    2 quick fixes available:
        Add unimplemented methods
        Make type 'AlumnoLocal' abstract
```

Lo que básicamente quiere decir es que todas las clases que tengan como padre una abstracta, si la superclase tiene métodos abstractos, las subclases deben sobreescribir (polimorfismo) dichos métodos.

La forma de hacerlo es crear los métodos que tenemos en la superclase, en la subclase o Java puede hacerlo por nosotros si en el mensaje de error pulsamos en **Add unimplemented methods**.

¿Tiene sentido usar métodos abstractos? Pues sí lo tiene. Nos permite ahorrar código ya que si declaramos un objeto como la clase padre y construimos como hija, podemos llamar a esos métodos que hemos declarado como abstractos y por polimorfismo, al estar el objeto construido como la subclase, cogerá el código del método de la clase hija y como no podemos construir un objeto de clase abstracta, escribir el código de un método al que nunca podremos acceder no tiene mucho sentido.

2.6 INTERFACES

Una interfaz es una lista de acciones y variables (polimórficas) que podrán realizar los objetos que la **implementen**. Al decir polimórficas me refiero a que los métodos y variables que creemos dentro deben ser abstractos. Si, se que antes he dicho que en todas las clases que haya un método abstracto, la clase debe ser abstracta, pero las interfaces no son una clase normal, no les hace falta ponerlo, Java lo sobreentiende.

No podemos crear un objeto de una interfaz, al igual que pasaba con las clases abstractas. Podemos escribir en ellas funciones y variables. Las variables, por defecto serán **public static final**, es decir, se pueden acceder a ellas desde la interfaz (como pasaba con las clases) y el **final** hace que su valor no se pueda modificar, es decir, las variables de las interfaces serán constantes. También podemos añadir funciones que por defecto serán **public abstract**.

Las interfaces nos permiten crear un esquema de como van a ser los objetos que implementen dicha interfaz, por lo que nos permiten tener el código más ordenado ya que todos los objetos van a tener la misma estructura, aunque las funciones se comporten de manera diferente en las clases que implementan la interfaz.

Vamos a ver un pequeño ejemplo de interfaz:

```java
package main;

public interface Figura {
    double PI = 3.14159265359;

    double area();
    int numLados();
}
```

Como veis ya no usamos **class** si no que lo sustituimos por **interfaces**. Como os he dicho por defecto las funciones que hagamos dentro son **public abstract**, pero si queréis escribirlo no hay ningún problema. Como también he dicho, las variables son constantes, por lo que el valor que tengan en la interfaz es el que tendrá en todas las clases que implementen la interfaz, dichas clases no podrán cambiar el valor.

Vamos a crear ahora dos clases, **Cuadrado** y **Triángulo**, ambas implementan la interfaz **Figura**:

Cuadrado

```java
package main;

public class Cuadrado implements Figura{

    private double lado;

    public Cuadrado(double lado) {
        this.lado = lado;
    }

    @Override
    public double area() {
        return this.lado * this.lado;
    }

    @Override
    public int numLados() {
        return 4;
    }

}
```

Triángulo

```java
package main;

public class Triangulo implements Figura{

    private double altura;
    private double base;

    @Override
    public double area() {
        return (this.base * this.altura) / 2;
    }

    @Override
    public int numLados() {
        return 3;
    }

}
```

Como veis hemos cambiado también el **extends** por **implements**. Cuando queremos heredar de una interfaz se usa **implements**. Algo importante es que una clase puede hacer **extends** e **implements** al mismo tiempo y puede hacer **implements** de todas las interfaces que queramos, al contrario que el **extends** que dijimos que solo valía para una.

Pero, ¿qué hemos conseguido implementado la interfaz **Figura** en nuestras clases? Lo primero hemos creado una estructura que seguirán todas las clases que implementen dicha interfaz. Lo segundo es que nos aseguramos de que obligatoriamente estas clases tengan los métodos de la interfaz, ya que al ser abstractos debemos implementarlos sí o sí (implementar un método o función es lo mismo que sobreescribirla/o o darle código).

Por tanto, nos aseguramos de que como mínimo, en todas las clases que implementen **Figura** podremos saber su área y cuantos lados tienen, además de poder usar la constante **Pi**. Como ejercicio os propongo que implementéis **Figura** en la clase **Circunferencia** que ya creamos al empezar esta segunda parte del libro.

Realmente si vamos a hacer programas pequeños las interfaces no vamos a usarlas. En cambio si vamos a hacer un programa que necesita una gran estructuración y que va a ser complejo, el uso de las interfaces puede ayudar mucho a la organización y estructuramiento del código, además de que facilita el mantenimiento del programa.

Como os he dicho las clases pueden implementar varias interfaces y a la vez heredar de una clase. Supongamos que tenemos la clase padre **A** y la clase hija **B**, además de las interfaces **I1**, **I2** e **I3**. La forma de hacer que herede de la clase e implemente las interfaces es:

public class B extends A implements I1, I2, I3{}

Visto hasta aquí termino con lo básico de la **POO** explicada en Java. Mi recomendación es que practiquéis mucho con ejemplos que vosotros mismos os pongáis o con ejercicios de la primera parte, pero con **POO**, empezad con ejercicios básicos y cada vez id complicándolos más e investigando por vuestra cuenta.

ⓘ **IMPORTANTE**

Para aquellos que habéis decidido usar **C++** en vez de Java os recomiendo leer todo lo explicado en esta segunda parte ya que hay muchos conceptos que he explicado en detalle en esta parte y no repetiré en la de **C++**.

2.7 CLASES EN C++

Nada más cambiar de lenguaje vamos a ver que las cosas entre C++ y Java son bastante diferentes. En mi opinión la **POO** es más sencilla y ordenada en Java, pero puede que opinéis lo contrario y es totalmente respetable.

La primera diferencia con Java es que en C++ las clases se dividen en dos ficheros, los **.h** y los **.cpp**. Hasta ahora habíamos usado solo los **.cpp** como el del **main**. Vamos a crear la clase **Circunferencia** del ejemplo de Java en C++.

Lo primero que vamos a hacer es crear los ficheros **Circunferencia.h** y **Circunferencia.cpp**. Lo más sencillo es *file* → *new* → *empty file*. Si os dice de guardar el proyecto le decís que sí. Después os abrirá una ventana para darle la ubicación y el nombre, primero escribid **Circunferencia.h** y aceptáis.

Si os fijáis, en la estructura del proyecto a la derecha os aparece una carpeta nueva que pone **Headers**. Ahí se guardarán automáticamente todos los ficheros **.h**. Los **.cpp** se guardan en la otra carpeta.

Repetimos el mismo proceso, pero esta vez escribimos **Circunferencia.cpp** y ya tendremos las dos partes de nuestra clase creadas.

Vamos primero con el **.h**. Veréis que algunas cosas son comunes con Java y otras no tienen nada que ver:

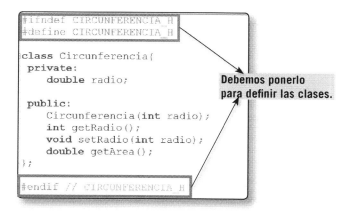

```
#ifndef CIRCUNFERENCIA_H
#define CIRCUNFERENCIA_H

class Circunferencia{
 private:
    double radio;

 public:
    Circunferencia(int radio);
    int getRadio();
    void setRadio(int radio);
    double getArea();
};

#endif // CIRCUNFERENCIA_H
```

Debemos ponerlo para definir las clases.

Vemos que comparten más o menos la estructura de la clase (por defecto la clase es **public** así que no hace falta ponerlo). Vemos que la parte **public** y la **private** se pone de manera separada. Lo privado lo podremos todo debajo de **private:** y lo público de **public:**.

También vemos que tenemos solo las cabeceras de los métodos y del constructor ¿Os recuerda a lo que hemos visto en Java de los métodos abstractos? Bueno pues en este caso no es así. La cosa es que en el fichero **.h** solo se definen las variables y se da la cabecera de los métodos y los constructores. Para darles código está el fichero **.cpp**, pero no os equivoquéis ya que estos métodos y constructor **no son abstractos**.

Los **ifndef**, **define** y **endif** hay que ponerlos para definir correctamente la clase y lo que acompaña a **ifndef** y **define** suele ser el nombre de la clase en mayúsculas y después **_H**.

Vamos con el fichero **.cpp**:

```cpp
#include "Circunferencia.h"

Circunferencia::Circunferencia(double radio){
    this->radio = radio;
}

double Circunferencia::getRadio(){
    return this->radio;
}

void Circunferencia::setRadio(double radio){
    this->radio = radio;
}

double Circunferencia::getArea(){
    return M_PI * pow(this->radio, 2);
}
```

Lo primero que hacemos en el **.cpp** es hacer un **include** de nuestro fichero **.h** para hacer un *link* entre el **.cpp** y el **.h** de manera que C++ sepan que van juntos.

Como vemos, exceptuando al constructor, primero decimos que es lo que devuelve un método, después el nombre de la clase, después **::** y finalmente el nombre del método con los mismos parámetros que le hemos dado en él **.h**.

Como en Java, al constructor no hay que darle un tipo para devolver. Vemos que el **this** cambia un poco y no usamos un punto como en Java si no → (->). Esto es porque estamos accediendo a los atributos de la clase y hay que hacerlo de esta manera, si hacéis **this.radio** os dará un error de compilación.

Veremos cuando debemos usar **.** o → para acceder a los atributos y métodos ya que hay diferencias.

2.8 OBJETOS EN C++

En C++, a diferencia de en Java, tenemos dos tipos de objetos. Yo solo voy a explicaros uno de ellos ya que el otro tiene menos utilidad y al final se suele usar siempre el que so voy a explicar.

Tenemos los objetos simples y los objetos punteros. Por tener objetos simples, en C++ siempre conviene tener en cada clase un constructor vacío, ya que si no nos damos cuenta, al construir el objeto puede llamar al vacío y si no existe C++ lo hará el solo, pero puede no hacerlo bien. Vamos a ver como es el objeto simple, pero antes añadimos un constructor sin parámetros que nos ponga el **radio** = 0:

```cpp
#include <iostream>
#include "Circunferencia.h"

using namespace std;

int main()
{

    Circunferencia c;
    cout << c.getRadio();

    Circunferencia c1(10);
    cout << c1.getArea();
    return 0;
}
```

Como vemos, tenemos dos objetos distintos, pero ¿Están declarados o construidos? Pues en este caso están construidos, pero ¿Y el **new**? Pues la cosa es que al no ser un objeto puntero, no necesita un **new**.

En el primer objeto estamos llamando al constructor vacío, por eso os he dicho que es buena idea crearlo.

En el segundo vemos que después de **c1** ponemos **(10)**, eso es porque estamos llamando al constructor con parámetros. También vemos que para llamar a los métodos usamos **.** y no → como en el fichero **.cpp**, esto es porque es un objeto no puntero.

Estos objetos son mucho menos útiles y tienen menos posibilidades que los objetos punteros, por ello vamos a usar los objetos punteros, que se declaran y construyen muy similar a uno en Java, solo hay una pequeña diferencia:

```cpp
#include <iostream>
#include "Circunferencia.h"

using namespace std;

int main()
{
    Circunferencia *c = new Circunferencia(10);
    cout << c->getRadio();

    return 0;
}
```

Hay que poner un * antes del nombre que le demos a la variable para indicar que es un puntero. Un puntero es una variable que apunta a una dirección de memoria y al tratarse de objetos nos permiten hacer las mismas operaciones que en Java.

También vemos que ya no usamos el . para acceder a los métodos, si no que usamos →. Si nos equivocamos y usamos el . nos dará un error durante la compilación.

Si recordáis, en Java teníamos el problema de que en una función estática, si le pasábamos una variable básica como parámetro y modificábamos su valor, el valor podía cambiar dentro de la función, pero fuera seguía manteniendo el mismo valor. Vimos que al tratarse de objetos la cosa cambiaba. En C++ pasaba lo mismo para las variables básicas, pero vimos que teníamos un apaño usando **&**. Si usamos objetos no punteros nos ocurre lo mismo que con una variable básica, en las funciones que se modifiqué su valor de forma interna, no se modificará fuera de la función a no ser que usemos **&**, en cambio si usamos objetos punteros pasa como en Java, el valor se modifica.

Es otra de las razones para usar objetos punteros.

```cpp
#include <iostream>
#include "Circunferencia.h"

using namespace std;

void sumar(Circunferencia c){
    c.setRadio(c.getRadio() + 1);
}

int main()
{
    Circunferencia c1;
    sumar(c1);
    cout << c1.getRadio() << endl;

    return 0;
}
```

Para que funcionase había que añadir &.

En cambio si usamos punteros:

```cpp
#include <iostream>
#include "Circunferencia.h"

using namespace std;

void sumar(Circunferencia *c){
    c->setRadio(c->getRadio() + 1);
}

int main()
{
    Circunferencia *c1 = new Circunferencia(10);
    sumar(c1);
    cout << c1->getRadio() << endl;

    return 0;
}
```

La cosa queda así y los valores si se modificarán, de manera que por pantalla nos aparecerá un 11.

2.9 STATIC EN C++

Otra de las cosas que cambia bastante en C++ es el modo de usar las variables de **static**. Vamos a ver como quedan en el **.h**:

```cpp
#ifndef CIRCUNFERENCIA_H
#define CIRCUNFERENCIA_H

#include <math.h>

class Circunferencia{
 private:
    double radio;

 public:
    static int numCircunf;

 public:
    Circunferencia(double radio);
    Circunferencia();
    double getRadio();
    void setRadio(double radio);
    double getArea();
};

#endif // CIRCUNFERENCIA_H
```

He creado un nuevo **public:**, pero no es necesario, podríamos añadir la variable en el **public:** de los métodos.

En el **.h** únicamente podemos declarar el atributo, no podemos darle ningún valor ya que nos daría un error. Lo más extraño viene ahora en el **.cpp**:

```cpp
#include "Circunferencia.h"

int Circunferencia::numCircunf = 0;

Circunferencia::Circunferencia(double radio){
    this->radio = radio;
    Circunferencia::numCircunf++;
}

Circunferencia::Circunferencia(){
    this->radio = 0;
    Circunferencia::numCircunf++;
}
```

Si no añadimos la línea después del **include**, nos da un error ya que no hemos inicializado la variable. Para poder inicializarla primero debemos poner el tipo de la variable estática que hemos definido en el **.h**, después debemos llamarla como haríamos en Java, con el nombre de la clase y después la variable estática, solo que en C++ en vez de **.** se usa **::** y finalmente le damos el valor inicial que tendrá.

Si os fijáis esta variable es el contador de circunferencias que teníamos en el ejemplo de Java. Vamos al **main** a comprobar que todo funciona:

```cpp
#include <iostream>
#include "Circunferencia.h"

using namespace std;

int main()
{
    Circunferencia *c1 = new Circunferencia(10);
    Circunferencia *c2 = new Circunferencia(12);

    cout << Circunferencia::numCircunf;

    return 0;
}
```

2.10 HERENCIA EN C++

La herencia funciona en C++ de la misma manera que en Java, pero la forma de escribirla, como os podéis imaginar, es diferente. Una cosa que es nueva con respecto a Java es que C++ soporta herencia múltiple, es decir, podríamos hacer un **extends** a varias clases padre, pero esto no lo veremos en esta guía.

La herencia en C++ se marca tanto en el **.cpp** como en el **.h**. Vamos a verlos uno a uno con el ejemplo de **Alumno** y **AlumnoIntercambio**, primero creando las clases:

.h

```cpp
#ifndef ALUMNO_H
#define ALUMNO_H

#include <string>

using namespace std;

class Alumno{
    private:
        string nombre;
        string apellido;
        int edad;
        int idAlumno;
        string carrera;

    public:
        Alumno(string nombre, string apellido, int idAlumno, string carrera);
        Alumno(string nombre, string apellido, int edad, int idAlumno, string carrera);
        string getNombre();
        void setNombre(string nombre);
        string getApellido();
        void setApellido(string apellido);
        int getEdad();
        void setEdad(int edad);
        int getIdAlumno();
        void setIdAlumno(int idAlumno);
        string getCarrera();
        void setCarrera(string carrera);
};

#endif // ALUMNO_H
```

.cpp(1/2)

```cpp
#include "Alumno.h"

Alumno::Alumno(string nombre, string apellido, int idAlumno, string carrera){
    this->nombre = nombre;
    this->apellido = apellido;
    this->edad = 0;
    this->idAlumno = idAlumno;
    this->carrera = carrera;
}

Alumno::Alumno(string nombre, string apellido, int edad, int idAlumno, string carrera){
    this->nombre = nombre;
    this->apellido = apellido;
    this->edad = edad;
    this->idAlumno = idAlumno;
    this->carrera = carrera;
}

string Alumno::getNombre(){
    return this->nombre;
}

void Alumno::setNombre(string nombre){
    this->nombre = nombre;
}
```

.cpp(2/2)

```cpp
string Alumno::getNombre(){
    return this->nombre;
}

void Alumno::setNombre(string nombre){
    this->nombre = nombre;
}

string Alumno::getApellido(){
    return this->apellido;
}

void Alumno::setApellido(string apellido){
    this->apellido = apellido;
}

int Alumno::getEdad(){
    return this->edad;
}

void Alumno::setEdad(int edad){
    this->edad = edad;
}

int Alumno::getIdAlumno(){
    return this->idAlumno;
}

void Alumno::setIdAlumno(int idAlumno){
    this->idAlumno;
}
```

Ahora vamos a crear la clase **AlumnoIntercambio** y haremos que herede de **Alumno**:

```
#ifndef ALUMNOINTERCAMBIO_H
#define ALUMNOINTERCAMBIO_H

#include <string>
#include "Alumno.h"

class AlumnoIntercambio : public Alumno{
    private:
        string pais;

    public:
        AlumnoIntercambio(string nombre, string apellido, int idAlumno, string carrera, string pais);
        AlumnoIntercambio(string nombre, string apellido, int edad, int idAlumno, string carrera, string pais);
        string getPais();
        void setPais(string pais);
};

#endif // ALUMNOINTERCAMBIO_H
```

Para decir de quien heredamos, después del nombre de la clase ponemos : y después el nombre de la clase de la que queremos heredar, además de hacer un **include** de su **.h**.

```
#include "AlumnoIntercambio.h"

AlumnoIntercambio::AlumnoIntercambio(string nombre, string apellido, int idAlumno, string carrera, string pais) :
    Alumno(nombre, apellido, idAlumno, carrera){
    this->pais = pais;
}

AlumnoIntercambio::AlumnoIntercambio(string nombre, string apellido, int edad, int idAlumno, string carrera, string pais) :
    Alumno(nombre, apellido, idAlumno, carrera){
    this->pais = pais;
}

string AlumnoIntercambio::getPais(){
    return this->pais;
}

void AlumnoIntercambio::setPais(string pais){
    this->pais = pais;
}
```

Para hacer lo que haríamos en Java con **super()** para llamar al constructor de la clase padre, en C++ justo al acabar de poner los parámetros, añadimos : y después el nombre del constructor de la clase padre al que le pasamos los parámetros necesarios.

De esta manera ya tenemos hecha la herencia y **AlumnoIntercambio** disfruta de todo lo que contiene **Alumno** más lo que ya tiene **AlumnoIntercambio**.

```
#include <iostream>
#include "Circunferencia.h"
#include "Alumno.h"
#include "AlumnoIntercambio.h"

using namespace std;

int main()
{
    AlumnoIntercambio *ai = new AlumnoIntercambio("Charles", "Smith",
                                        0001, "Ing. Inform", "USA");

    cout << ai->getNombre() << ", " << ai->getPais();

    return 0;
}
```

Con este pequeño programa comprobamos que la herencia funciona porque podemos acceder a métodos de la clase padre. Debemos incluir las librerías de la clase padre y la hija para poder usar estos objetos.

Como veis, las clases que nosotros creamos no se importan con <> si no con "", es porque las que llevan <> son propias e internas de C++.

Al igual que pasaba en Java, si nosotros declaramos un objeto como la clase padre, pero lo construimos como la clase hija, dicho objeto solo tendrá acceso a los métodos de la clase padre, pero ya vimos cómo hacer para poder acceder a los métodos de la clase hija y esta vez sí que es igual en Java y en C++.

2.11 POLIMORFISMO EN C++

Así como en Java el polimorfismo se hace de forma automática entre las funciones que tienen el mismo nombre de padre a hija, en C++ hay que indicarlo porque si declaramos un objeto y construimos como la padre hija funciona, pero si lo declaramos como la clase padre, pero construimos como la hija entonces no se aplica y para evitar errores, lo mejor es dejarlo indicado.

Voy a explicar esto con el mismo ejemplo que en Java, con el método **inforPorPantalla()**.

Indicar que queremos que haya polimorfismo en un método es muy sencillo, basta con, en la clase padre, añadir **virtual** antes del tipo que devuelve el método:

.h de **Alumno**

```
int getIdAlumno();
void setIdAlumno(int idAlumno);
string getCarrera();
void setCarrera(string carrera);
virtual void inforPorPantalla();
```

Y en el **.cpp** creamos la función

```
void Alumno::inforPorPantalla(){
    cout << "Nombre: " << this->nombre << ", apellido: " << this->apellido <<
    ", pais: España" << endl;
}
```

En **AlumnoIntercambio** añadimos también el método, pero sin **virtual** en el **.h** y en el **.cpp** creamos el método como a continuación:

```
void AlumnoIntercambio::inforPorPantalla(){
    cout << "Nombre: " << Alumno::getNombre() << ", apellido: " << Alumno::getApellido()
    << ", pais: " << this->pais << endl;
}
```

Cuando nos refiramos a los atributos de la clase padre debemos acceder mediante su **getter** ya que son privados y no podemos acceder a ellos con **this** → o con **super** como haríamos en Java.

Una vez añadido todo esto, probad a declarar un objeto como la superclase y construirlo como la subclase, después llamad al método **inforPorPantalla()** y una vez hacedlo con el **virtual** escrito y otra sin el **virtual** escrito y veréis que cuando está el polimorfismo hace efecto, pero cuando lo quitamos no.

Un inciso, se que para este punto en Java ya habíamos explicado los **ArrayList**, pero aquí no voy a hacerlo ya que no existe como tal. Podríamos crear nosotros nuestra propia clase de **ArrayList** y usarla como ejercicio para practicar.

2.12 CLASES Y FUNCIONES ABSTRACTAS EN C++

A diferencia de en Java, en C++ no tenemos la palabra reservada **abstract**, pero igualmente podemos hacer que una clase sea abstracta para evitar que se puedan crear objetos de ella.

Si recordamos un poco de teoría, si nosotros creamos un método o función abstracto dentro de una clase, por narices teníamos que hacer que dicha clase fuese abstracta. Bueno pues esta es la forma de hacer que una clase pase a ser abstracta en C++, hacer que como mínimo tenga un método abstracto.

Nuevamente, no tenemos **abstract**, pero no es muy difícil hacer que un método se convierta en abstracto, basta con usar **virtual** y acabar el método en **=0;**. Vamos a recrear el ejemplo que hicimos en Java haciendo **Alumno** abstracto y creando **AlumnoLocal**.

Lo primero que debemos hacer es ir a la clase **Alumno** y ahí, en el **.h** acabar el método que tenemos como **virtual** en **=0;**

```cpp
string getCarrera();
void setCarrera(string carrera);
virtual void inforPorPantalla()=0;
```

De esta manera estamos diciendo que **infoPorPantalla()** va a tener que ser implementada en las clases hijas porque es abstracta. Además, en el **.cpp** debemos eliminar su implementación.

Vamos a crear ahora **AlumnoLocal** con los mismos datos que hicimos en Java:

.h

```cpp
#ifndef ALUMNOLOCAL_H
#define ALUMNOLOCAL_H

#include <string>
#include "Alumno.h"

class AlumnoLocal : public Alumno{
    private:
        string ciudad;

    public:
        AlumnoLocal(string nombre, string apellido, int idAlumno, string carrera, string ciudad);
        AlumnoLocal(string nombre, string apellido, int edad, int idAlumno, string carrera, string ciudad);
        void inforPorPantalla();
        string getCiudad();
        void setCiudad(string ciudad);
};

#endif // ALUMNOINTERCAMBIO_H
```

.cpp

```
#include "AlumnoLocal.h"
#include <iostream>

AlumnoLocal::AlumnoLocal(string nombre, string apellido, int idAlumno, string carrera, string ciudad) :
    Alumno(nombre, apellido, idAlumno, carrera){
    this->ciudad = ciudad;
}

AlumnoLocal::AlumnoLocal(string nombre, string apellido, int edad, int idAlumno, string carrera, string ciudad) :
    Alumno(nombre, apellido, idAlumno, carrera){
    this->ciudad = ciudad;
}

void AlumnoLocal::inforPorPantalla(){
    cout << "Nombre: " << Alumno::getNombre() << ", apellido: " << Alumno::getApellido()
    << ", ciudad: " << this->ciudad << endl;
}

string AlumnoLocal::getCiudad(){
    return this->ciudad;
}

void AlumnoLocal::setCiudad(string ciudad){
    this->ciudad = ciudad;
}
```

De esta manera hemos conseguido crear una clase abstracta y dos hijas suyas. También hemos implementado el código de su método abstracto en ambas ya que si no lo implementamos en todas las hijas entonces nos dará un error.

Vamos al **main** a comprobar que todo funciona correctamente. Podemos crear dos objetos como los siguientes:

```
#include <iostream>
#include "Circunferencia.h"
#include "Alumno.h"
#include "AlumnoIntercambio.h"
#include "AlumnoLocal.h"

using namespace std;

int main()
{
    AlumnoLocal *ai = new AlumnoLocal("Pedro", "Martinez", 0001, "Ing. Inform", "Logrono");
    ai->inforPorPantalla();

    AlumnoIntercambio *ai = new AlumnoIntercambio("Charles", "Smith", 0100, "Ing. Inform", "USA");
    ai->inforPorPantalla();

    return 0;
}
```

Y de esta manera cada objeto usará su versión del método abstracto de la clase padre. También podemos hacerlo de esta manera y el resultado no variará:

```cpp
#include <iostream>
#include "Circunferencia.h"
#include "Alumno.h"
#include "AlumnoIntercambio.h"
#include "AlumnoLocal.h"

using namespace std;

int main()
{
    Alumno *al = new AlumnoLocal("Pedro", "Martinez", 0001, "Ing. Inform", "Logrono");
    al->inforPorPantalla();

    Alumno *ai = new AlumnoIntercambio("Charles", "Smith", 0100, "Ing. Inform", "USA");
    ai->inforPorPantalla();

    return 0;
}
```

La diferencia, como ya sabéis de sobra, es que estos objetos solo podrán acceder a los métodos y atributos de la clase padre.

2.13 INTERFACES EN C++

Si no teníamos **asbtract** en C++, de igual modo tampoco tenemos **interface**, pero eso no es problema ya que también hay formas para crear interfaces en C++.

Lo cierto es que es bastante sencillo. De una interfaz, al igual que de una clase abstracta no podemos crear objetos y como ya hemos visto, la forma de evitar que se puedan crear objetos es haciendo los métodos o funciones abstractos.

En C++ una interfaz se compone de funciones y variables, como ocurría en Java y todas estas funciones son abstractas. Las variables podemos hacerlas **static** para poder acceder a ellas como hacíamos en Java.

Vamos a ver como hacer la interfaz con el ejemplo que hicimos en Java de la **Figura**:

```cpp
#ifndef FIGURA_H
#define FIGURA_H

#include <string>

class Figura{
    private:
        static const double PI = 3.1415;

    public:
        virtual double area()=0;
        virtual int numLados()=0;
};

#endif
```

Y ya tendríamos nuestra interfaz, pero ¿Y el **.cpp**? El **.cpp** no hace falta ya que no tiene constructor y al ser abstractas las funciones no vamos a implementar ninguna, por lo que las interfaces no necesitan de un **.cpp**.

Para implementar las interfaces como hacíamos en Java, en C++ se usa lo mismo que para heredar ya que como podéis imaginar no hay un **implements**.

Vamos a crear las clases **Cuadrado** y **Triángulo** como hicimos en Java para que quede todo claro:

.h

```
#ifndef CUADRADO_H
#define CUADRADO_H

#include <string>
#include "Figura.h"

class Cuadrado : public Figura{
    private:
        int lado;

    public:
        Cuadrado(int lado);
        double area();
        int numLados();
};

#endif
```

.cpp

```
#include "Cuadrado.h"

Cuadrado::Cuadrado(int lado){
    this->lado = lado;
}

double Cuadrado::area(){
    return this->lado * this->lado;
}

int Cuadrado::numLados(){
    return 4;
}
```

.h

```
#ifndef TRIANGULO_H
#define TRIANGULO_H

#include <string>
#include "Figura.h"

class Triangulo : public Figura{
    private:
        int base, altura;

    public:
        Triangulo(int base, int altura);
        double area();
        int numLados();
};

#endif
```

.cpp

```
#include "Triangulo.h"

Triangulo::Triangulo(int base, int altura){
    this->base = base;
    this->altura = altura;
}

double Triangulo::area(){
    return (this->base * this->altura)/2;
}

int Triangulo::numLados(){
    return 3;
}
```

Viendo esto último en C++ llegamos al final de la segunda parte del libro (**POO**). Espero que os haya sido de utilidad y hayáis entendido los conceptos más importantes de la **POO**. Como os digo siempre, la mejor manera de aprender a programar es practicar mucho y proponeros vosotros mismos ejemplos para hacer (podéis intentar hacer el menú que hicimos en Java, pero en C++, podéis intentar hacer **ArrayList** en C++…).

La siguiente parte del libro no va a ser muy larga. Se centrará en temas que son interesantes para la programación, como el uso de ficheros, recursividad, árboles binarios, métodos de ordenación y finalmente como usar Java para hacer aplicaciones gráficas, para no usar siempre la consola.

CONCEPTOS ÚTILES EN LA PROGRAMACIÓN E INTERFAZ GRÁFICA EN JAVA

3.1 RECURSIVIDAD

La recursividad es una forma de abordar los problemas en programación que trata de sustituir a las soluciones iterativas (bucles **while** y **for**). La idea es hacer que una función se llame así misma "n" veces hasta lograr nuestro objetivo.

Es un procedimiento que a veces llega antes a nuestra cabeza que la propia iteración, pero en muchas ocasiones la recursividad es menos eficiente que la iteración, pero también es importante saber resolver problemas de manera recursiva y no solo iterativa.

Los problemas que se resuelven por recursividad tienen la propiedad de que siempre o casi al 100% se pueden transformar en un problema iterativo.

La recursividad se suele tratar muchas veces para recorrer árboles de datos. Un árbol es una estructura de datos donde hay un nodo padre y de el cuelgan nodos hijos hasta llegar a las hojas (los últimos hijos). Muchas veces se usa este tipo de estructura para los sistemas de ficheros, os pongo un ejemplo:

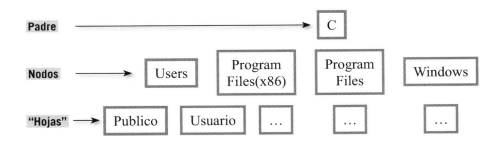

Este es un árbol de archivos que cuelgan de **C:**, es muy abreviado, ya que en el último nivel cuelgan más carpetas, pero os podéis hacer una idea. Por eso mismo pongo "Hojas", porque el último nivel si que son las hojas, pero no puedo hacer un esquema hasta las hojas de un sistema de archivos de Windows porque quedaría enorme.

El caso es que la recursividad se usa para recorrer este tipo de arboles. También se usa para algoritmos de ordenación de vectores. Vamos a ver varios ejemplos básicos.

Como ya os he dicho, la recursividad trata de hacer que una función se llame a sí misma una cantidad "n" de veces, pero tendremos que tener un filtro para que llegado un momento pare de llamarse a sí misma, por eso en la recursividad se suele tener un caso base y la estructura recursiva.

El caso base es el que va a hacer que acabe la recursividad y la estructura es la que va a hacer que se llame constantemente. Vamos a ver un pequeño ejemplo muy sencillo porque la recursividad se ejecuta de una manera algo distinta a lo visto hasta ahora. Vamos a hacer un programa que imprima los números desde 1 hasta el número que metamos como parámetro en nuestra función a la que llamaremos **imprimirHastaParam()**.

```
imprimirHastaParam(int x){
   if(x > 0){
      imprimirHastaParam(x-1);
      System.out.println(x);
   }
}
```

Vamos a suponer que metemos un 4 como parámetro. En el primer ciclo de ejecución tenemos que **x = 4**, así que se guarda:

X(1)	4

```
imprimirHastaParam(int x){          Se vuelve a llamar.
   if(x > 0){
      imprimirHastaParam(x-1);
      System.out.println(x);
   }
}
                                    Aún no se ejecuta.
```

Vamos con el segundo ciclo. Volvemos al principio y ahora **x = 3**, por tanto se guarda en memoria:

X(1)	4
X(1)	3

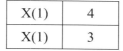

```
imprimirHastaParam(int x){          Se vuelve a llamar.
   if(x > 0){
      imprimirHastaParam(x-1);
      System.out.println(x);
   }
}
                                    Aún no se ejecuta.
```

Vamos con el tercer ciclo. Volvemos al principio y ahora **x = 2**, por tanto se guarda en memoria:

X(1)	4
X(2)	3
X(3)	2

```
imprimirHastaParam(int x){   ←——— Se vuelve a llamar.
    if(x > 0){
        imprimirHastaParam(x-1);
        System.out.println(x);
    }
}
                        Aún no se ejecuta.
```

Vamos con el cuarto ciclo. Volvemos al principio y ahora **x = 1**, por tanto se guarda en memoria:

X(1)	4
X(2)	3
X(3)	2
X(4)	1

```
imprimirHastaParam(int x){   ←——— Se vuelve a llamar.
    if(x > 0){
        imprimirHastaParam(x-1);
        System.out.println(x);
    }
}
                        Aún no se ejecuta.
```

Vamos con el quinto ciclo. Volvemos al principio y ahora **x = 0**, y aquí es donde se acaba la recursividad porque ya la condición del **if** no se cumple, pero aquí también es donde llega la diferencia con la iteratividad. Cuando los bucles se acaban pasan a ejecutar el código que lleven debajo, pero si os dais cuenta, todas las veces que se ha llamado la función a sí misma ha dejado debajo algo de código sin ejecutar, bueno pues ahora va a ejecutarlo, pero en orden inverso, es decir, ejecutará primero el código de el ciclo **X(4)**, luego el de **X(3)** y así hasta llegar a **X(1)**. Por tanto vamos a ver como se ejecuta:

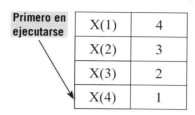

```
imprimirHastaParam(int x){
    if(x > 0){
        imprimirHastaParam(x-1);
        System.out.println(1);
    }
}
```

Ahora se ejecuta esto para x = 1.

Ahora se ejecuta la **X(3)**:

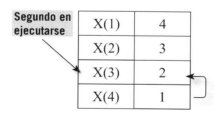

```
imprimirHastaParam(int x){
    if(x > 0){
        imprimirHastaParam(x-1);
        System.out.println(1);
    }
}
```

Ahora se ejecuta esto para x = 2.

Ahora se ejecuta la **X(2)**:

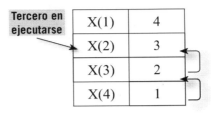

```
imprimirHastaParam(int x){
    if(x > 0){
        imprimirHastaParam(x-1);
        System.out.println(1);
    }
}
```

Ahora se ejecuta esto para x = 3.

Y finalmente, aunque cronológicamente ha sido el primero en llamar a la función, se ejecuta la **X(1)**:

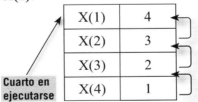

```
imprimirHastaParam(int x){
    if(x > 0){
        imprimirHastaParam(x-1);
        System.out.println(1);
    }
}
```

Ahora se ejecuta esto para x = 4.

Y con la ejecución de **X(1)** se acaba la función recursiva. Como veis está el código en Java pero en C++ la recursividad funciona igual, solo hay que cambiar el **System.ou.println()** por **cout**.

Nuevamente, un pequeño resumen. Comprobamos que se cumple la condición. Si se cumple se guarda en memoria el valor actual y se vuelve a llamar a la función, pero decrementando en 1 el parámetro. Esto se repite hasta que la condición no se cumple más. Cuando esto ocurre se ejecuta lo que había debajo de las llamadas recursivas cogiendo los datos que se han guardado en memoria desde el último hasta el primero y al llegar al primero se acaba la recursividad.

De tal manera que si metemos 4, lo que obtenemos por pantalla es 1 2 3 4. Como podéis imaginar esta función no vale de mucho, pero podemos hacer algo más interesante como calcular el factorial de un número.

Para aquellos que no sepan lo que es el factorial de un número, consiste en ir multiplicando todos los números anteriores a él y él mismo hasta llegar a 1, por ejemplo 6! = 6*5*4*3*2*1. Por convenio, 0! = 1.

Se que os he dicho que en una función recursiva suele haber un caso base y luego la estructura recursiva. En el **ejempl** anterior no nos ha hecho falta el caso base ya que era muy sencillo. Con este ejemplo vamos a hacer caso base y recursivo.

```java
public int factorial(int n){
    if(n == 0){
        return 1;
    }else {
        return n*factorial(n - 1);
    }
}
```

Voy a explicar este también paso a paso ya que puede ser un poco lioso. Vamos a hacer un factorial no muy grande para que no ocupe demasiado la explicación, el de 4. El factorial de 4 = 4*3*2*1. Vamos a ver como funciona el código:

En el primer ciclo tenemos que la **n = 4**. Como no es 0 pasamos del **if** y la función retorna **n*factorial(4 - 1)**, es decir, en memoria guardamos 4 que además estará multiplicado por algo que nos dará **factorial(4 - 1)**.

n(1)	4

```java
public int factorial(4){
    if(n == 0){
        return 1;              Se vuelve a llamar.
    }else {
        return n*factorial(4 - 1);
    }
}
```

Entramos en el segundo ciclo donde ahora **n = 3**. Nuevamente pasamos del **if** y vamos al **else**. Ahí multiplicamos **n** por algo y como ahora **n** vale 3 guardamos en memoria 3:

n(1)	4
n(2)	3

```
public int factorial(3){
    if(n == 0){
        return 1;                       Se vuelve a llamar.
    }else {
        return n*factorial(3 - 1);
    }
}
```

Otro ciclo más que ocurre lo mismo.

n(1)	4
n(2)	3
n(3)	2

```
public int factorial(2){
    if(n == 0){
        return 1;                       Se vuelve a llamar.
    }else {
        return n*factorial(2 - 1);
    }
}
```

Penúltimo ciclo antes de llegar al **if**.

n(1)	4
n(2)	3
n(3)	2
n(4)	1

```
public int factorial(1){
    if(n == 0){
        return 1;                      Se vuelve a llamar.
    }else {
        return n*factorial(1 - 1);
    }
}
```

Y finalmente **n = 0**. Como entramos en el **if** no se ejecuta más recursividad y además la función retorna 1. Esto quiere decir que ahora vamos a ir multiplicando hacia atrás:

n(1)	4
n(2)	3
n(3)	2
n(4)	1
n(5)	1

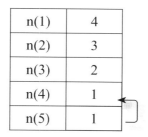

```
public int factorial(1){
    if(n == 0){
        return 1;
    }else {
        return 1*1;
    }
}
```

Lo que vale la n(4).   Lo que ha retornado el caso base.

En el segundo ciclo desde abajo:

n(1)	4
n(2)	3
n(3)	2
n(4)	1
n(5)	1

```
public int factorial(2){
    if(n == 0){
        return 1;
    }else {
        return 2*1;
    }
}
```

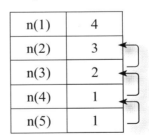

Lo que vale la n(3).   Lo que ha retornado 1*n(4)

En el tercer ciclo desde abajo:

n(1)	4
n(2)	3
n(3)	2
n(4)	1
n(5)	1

```
public int factorial(3){
    if(n == 0){
        return 1;
    }else {
        return 3*2;
    }
}
```

Lo que vale la n(2).   Lo que ha retornado 1*n(4)*n(3)

Y finalmente en el último ciclo empezando por abajo se retorna el factorial:

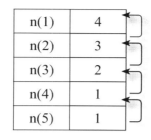

n(1)	4
n(2)	3
n(3)	2
n(4)	1
n(5)	1

```
public int factorial(4){
    if(n == 0){
        return 1;
    }else {
        return 4*6;
    }
}
```

↑ Lo que vale la n(1).   ↑ Lo que ha retornado 1*n(4)*n(3)*n(2)

Finalmente al llegar a **n(1)** tenemos la multiplicación de todos los números desde 1 hasta **n**. He puesto el caso base como 0 ya que si lo pongo a como **if(n == 1)** y metemos el 0 como parámetro, esta opción no quedaría contemplada, en cambio al poner el caso base a 0 si que queda contemplada y como se hace un 1*1 no se modifica nada.

3.2 ARBOLES BINARIOS

En recursividad hemos visto un poco lo que era un árbol, pero hay dos tipos de árboles principalmente, los árboles binarios y los árboles n-arios.

Los árboles se componen de una raíz, nodos y hojas. En realidad todo lo nombrado anteriormente son nodos, pero tienen nombres para distinguirlos.

Con nodo me refiero a cada elemento que colgamos del árbol (las bolas que hay en el ejemplo de recursividad). La raíz es el nodo padre y este nodo no tiene uno superior. Los hijos que cuelgan de él son nodos también y no tienen un nombre especial, pero cuando de un nodo no cuelga ningún otro nodo se le denomina hoja.

Un árbol binario es un tipo de árbol en el que cada nodo como máximo va a tener dos nodos hijos. Un árbol n-ario es un tipo de árbol que como máximo va a tener "n" nodos hijos.

Como he dicho, vamos a ver los árboles binarios, ya que son más sencillos. Vamos a hacer que sea un árbol que contenga información de números.

Los árboles binarios se usan para diversas cosas, pero una de ellas es tener números ramificados según su tamaño. Por ejemplo si nuestra raíz vale 50 meter en la parte izquierda los menores de 50 y en la derecha los mayores. Y así para cada nodo que añadamos, el nodo hijo izquierdo para el menor que el padre y el derecha por el mayor:

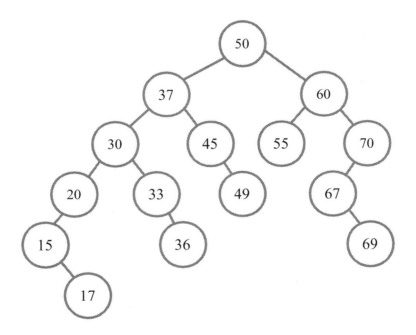

Aquí tenemos un pequeño ejemplo de árbol binario que sigue la regla anterior. La raíz es 50, como 37 es más pequeño va a la izquierda. 30 es más pequeño que 37, a la izquierda y 45 a la derecha. 49 es mayor que 37 y que 45, a la derecha y así con todos.

Debéis tener en cuenta que los números han ido entrando uno a uno y que no se pueden sustituir, es decir, que si hubiese entrado antes el 45 que el 37, el 45 estaría donde el 37, pero como no ha sido así la estructura queda como está.

El caso es que vamos a programar un generador de árboles al que vamos a poder meterle los números que queramos y lo recorrerá de 3 maneras distintas.

Primero vamos a escribir el código:

```java
package terceraParte;

public class Nodo {
    private Nodo izquierda;
    private Nodo derecha;
    private int dato;

    public Nodo(int datos) {
        this.dato = datos;
        this.izquierda = null;
        this.derecha = null;
    }

    public void insertar(int dato) {
        if(dato < this.dato) {
            if(this.izquierda == null) {
                this.izquierda = new Nodo(dato);
            }else {
                this.izquierda.insertar(dato);
            }
        }else if(dato > this.dato) {
            if(this.derecha == null) {
                this.derecha = new Nodo(dato);
            }else {
                this.derecha.insertar(dato);
            }
        }
    }

    public Nodo getIzquierda() {
        return izquierda;
    }
```

Aquí tenemos la clase **Nodo**. Los objetos **Nodo** van a ser cada bolita del árbol y como atributos tienen un dato, un hijo derecho y un hijo izquierdo, aunque alguno de los dos hijos puede no existir.

En el constructor damos el valor que tendrá cada **Nodo** y hacemos que sus hijos valgan **null** ya que de momento no existen. Si no lo había dicho dar valor **null** a una variable es darle un valor vacío, como no darle nada.

La función insertar es muy sencilla si entendemos que hace el árbol. Cuando nosotros vamos a añadir un nuevo **Nodo** este siempre irá debajo de otro **Nodo** ya sea a su derecha o izquierda (no contamos ahora la raíz). Como siempre va a ir debajo debemos comprobar si el valor del nodo a insertar es mayor o menor que el del **Nodo** padre (el que inserta el nuevo). Si es mayor irá a la derecha, por tanto el **Nodo derecha** del **Nodo** que inserta ya no será **null** si no que será un nuevo **Nodo** con el valor que le pasamos como parámetro a la función **insertar()**.

De igual manera pasa con **izquierda** si el valor del nuevo **Nodo** es menor que el del **Nodo** que inserta. Si el valor es igual se descarta porque ya lo tenemos metido.

Los otros métodos que están debajo son **getDerecha()**, **getIzquierda** y **getDatos()**.

(1/2)

```java
package terceraParte;

public class Arbol {

    private Nodo raiz;

    public Arbol() {
        this.raiz = null;
    }

    public void insertarNodo(int dato) {
        if(raiz == null) {
            raiz = new Nodo(dato);
        }else {
            raiz.insertar(dato);
        }
    }
}
```

En la clase **Arbol** tenemos como atributo un **Nodo** raíz que en el constructor podremos a **null** porque nada más crear el **Arbol** no tiene valor, aunque podríamos hacer otro constructor tal que así:

public Arbol(Nodo raiz){
    this.raiz = raiz;
}

De esta manera podríamos pasarle un **Nodo** raiz directamente al crear el **Arbol**.

Luego tenemos el método **insertarNodo** al que le pasamos un número y la propia **raiz** es la que se ocupa de insertar el nuevo **Nodo** ¿Cómo? Mediante recursividad. Vamos a verlo poco a poco con el **main**:

```
Arbol arbol = new Arbol();
arbol.insertarNodo(50);
arbol.insertarNodo(37);
arbol.insertarNodo(30);
arbol.insertarNodo(20);
arbol.insertarNodo(15);
arbol.insertarNodo(17);
arbol.insertarNodo(36);
arbol.insertarNodo(45);
arbol.insertarNodo(49);
arbol.insertarNodo(60);
arbol.insertarNodo(55);
arbol.insertarNodo(70);
arbol.insertarNodo(67);
arbol.insertarNodo(69);
```

Este es el código que he puesto en el **main** para construir el **Arbol** que he puesto de ejemplo, vamos paso a paso. Primero creamos el **Arbol**, cuya raíz está a **null**.

Hacemos **insertarNodo(50)** así que vamos al código de **Arbol** donde está nuestro método y dice que si **raiz == null** entonces vamos a construir el objeto **raiz** con un valor de 50, es decir, nuestra **raíz** vale 50, luego:

Ahora insertamos el 37, nuevamente vamos al código de **Arbol** y su método. Como **raíz** ya no es **null** pasamos a la siguiente opción y la opción es que llamamos al **insertar()** de **raiz** y como **raiz** es un **Nodo** debemos ir al **insertar()** de **Nodo** para ver que ocurre. Tenemos dos opciones principales, que el dato sea mayor que 50 o menor. En este caso es menor, por lo que nos quedamos en el primer **if** y seguidamente también en el primer **if** ya que nuestro **Nodo (raiz)** su **izquierda** es **null**, por lo que creamos el objeto **izquierda** como un nuevo **Nodo** con valor 37 y quedan enlazados, luego:

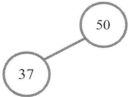

Continuamos y ahora hay que introducir el 30. Repetimos el procedimiento yendo al código de **Nodo** de 50 en **insertar()**. Como antes tenemos dos opciones, que sea mayor o menor que 50, claramente es menor así que vamos a ese **if**, pero esta vez vemos que **izquierda** no es **null**, por tanto vamos al **else**. Lo que el **else** hace es llamar al **insertar()** del **Nodo izquierda** por tanto volvemos a tener que comprobar si el **Nodo** ahora padre (37) es mayor o menor que el **Nodo** que queremos insertar, en este caso también es menor, por lo que nos decantamos por el **if** primero y también por el **if** primero dentro de éste, ¿Por qué? Porque el **Nodo** 37 también tiene un **izquierda** y **derecha** y ahora mismo ambos son **null** (aunque ahora solo nos interese **izquierda**), por tanto vamos a construir **izquierda** como un nuevo **Nodo** con valor 30, luego:

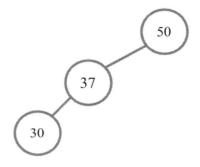

Vamos a avanzar un poco el proceso hasta llegar al **Nodo** 15:

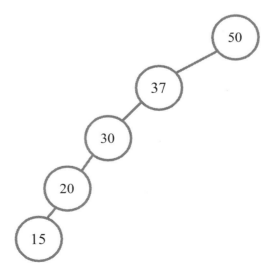

En el **Nodo** 15 ocurre lo mismo que en los anteriores solo que esta vez no entra en el primer **if** porque el siguiente a insertar es mayor que 15 (17), por tanto vamos al segundo **if** y dentro de este al primer **if** ya que **derecha** es **null** y por tanto creamos el **Nodo** 17 como **derecha**.

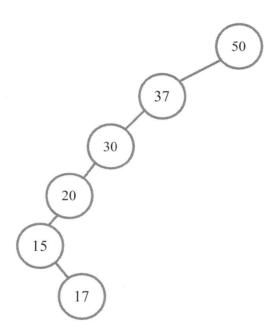

Ahora el siguiente a añadir es 33, por lo que empezamos desde la **raiz** y vemos que es menor, vamos por el lazo izquierdo y comprobamos si **izquierda** de **raiz** es **null**, como no lo es le pasamos el relevo a 37, comprobamos si 33 es mayor o menor y vemos que nos vamos por el lado izquierdo, por lo que comprobamos si **izquierda** de 37 es **null**, y comprobamos que no lo es, por lo que nuevamente le pasamos el relevo a 30. Aquí es donde se va a bifurcar ya que al comprobar si 33 es mayor que 30 nos vamos al segundo **if** y dentro de éste al primer **if** ya que **derecha** de 30 por el momento no existía, así que creamos ese **Nodo** con valor 33, de tal manera que tenemos:

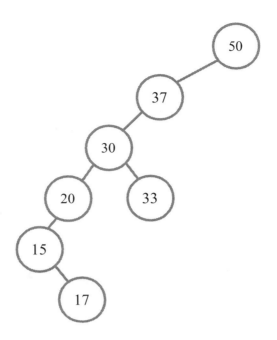

Y siguiendo este procedimiento rellenamos todo el **Arbol**. Ahora os enseñaré la parte del código que falta de **Arbol** ya que son las tres formas recursivas de recorrerlos:

```java
public void preOrden(Nodo nodo) {
    if(nodo == null) {
        return;
    }
    System.out.println(nodo.getDato() + " ");
    preOrden(nodo.getIzquierda());
    preOrden(nodo.getDerecha());
}
```

Esquema:
Raíz – izqu - derech

El algoritmo de **PreOrden** lo que hace es recorrer el lado izquierdo del árbol entero desde la raíz hasta que encuentre la primera hoja, después desde la hoja comprueba si hay alguna bifurcación hacia la derecha en algún **Nodo,** y repite lo mismo, toda la izquierda hasta llegar a una hoja y comprueba si hay derecha, vamos a verlo:

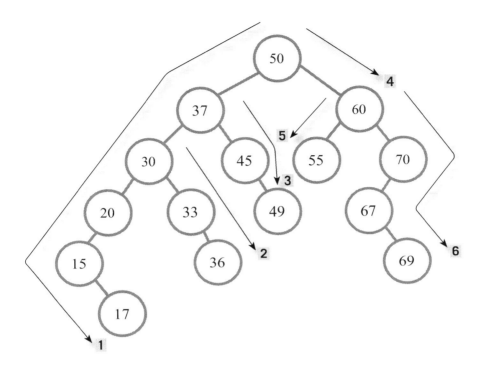

De manera que el resultado recursivo por pantalla es: 50 37 30 20 15 17 33 36 45 49 60 55 70 67 69

```java
public void inOrden(Nodo nodo) {
    if(nodo == null) {
        return;
    }
    preOrden(nodo.getIzquierda());
    System.out.println(nodo.getDato() + " ");
    preOrden(nodo.getDerecha());
}
```

Esquema:
Izqu – raíz - derech

En este algoritmo recorre desde la hoja izquierda más pequeña hasta la raíz comprobando en forma ascendente si hacia la derecha hay bifurcaciones para recorrerlas y dentro de las mismas hace lo mismo, empieza por la hoja más pequeña hasta y comprueba bifurcaciones, al llegar a la **raíz** lo toma como bifurcación y se repite el proceso:

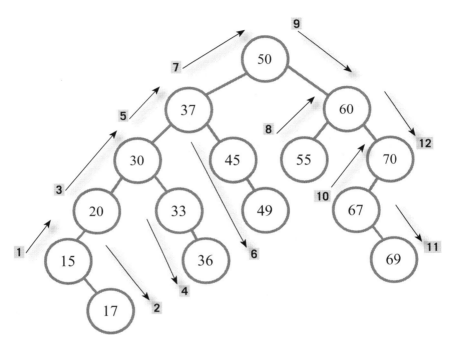

Donde el resultado recursivo por pantalla nos queda: 15 17 20 30 33 36 37 45 49 50 55 60 67 69 70

```java
public void postOrden(Nodo nodo) {
    if(nodo == null) {
        return;
    }
    preOrden(nodo.getIzquierda());
    preOrden(nodo.getDerecha());
    System.out.println(nodo.getDato() + " ");
}
```

Esquema:
Izqu – derech - raíz

Finalmente el último algoritmo, busca a cada nodo su izquierdo hasta que no lo tenga, cuando no lo tenga busca el derecho y si ya no hay ni derecho ni izquierdo cogeremos la **raíz** por lo que el último número por pantalla será la **raíz**:

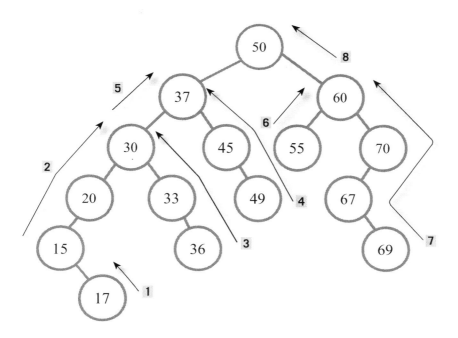

Donde finalizada la recursividad obtenemos: 17 15 20 36 33 30 49 45 37 55 69 67 70 60 50

3.3 EXCEPCIONES

En Java cuando creamos un programa muchas veces nos ocurre que nos sale algo en rojo en la consola y el programa deja de funcionar. Si os fijáis en eso rojo, probablemente acabe en **Exception**, lo cual quiere decir que hemos cometido una excepción y Java ha tenido que cerrar el programa porque no puede continuar ejecutándolo.

Las excepciones son bastante molestas ya que si no las controlamos nos pueden fastidiar los programas ya que los paran del todo (en la mayoría de ocasiones).

Para manejarlas lo que se hace es capturar las excepciones y la forma más sencilla es mediante la estructura **try/catch**, básicamente, intentar/atrapar, es decir, intentamos hacer algo, pero si nos sale mal evitamos que el programa pare su ejecución si no queremos que así sea.

Os dejo algunas de las excepciones más comunes y por qué pueden ser causadas:

NullPointerException	Ocurre cuando usamos un objeto sin construir (probablemente la más común y más odiada).
IOException	Esta puede darse por muchos motivos, por no encontrar una ruta, una url…
ArrayIndexOutOfBoundsException	Nos indica que estamos accediendo a una posición del array que no existe
NumberFormatException	Suele ocurrir cuando intentamos transformar un **String** en un número, pero algo sale mal
ArithmeticException	Cuando hacemos operaciones no permitidas como la raíz de un negativo
InputMismacthException	Cuando decimos que introducimos un tipo por teclado y metemos otro
IndexOutOfBoundsException	Similar a **ArrayIndexOutOfBoundsException**

Estas son solo unas cuantas, pero hay muchas más y cuantas más sepáis mucho mejor porque encontraréis mucho más rápido los errores.

Algunas excepciones son útiles capturarlas durante el proceso de construcción del programa, pero al final lo mejor es arreglar el problema que causa la excepción y eliminar el **try/catch**, aunque hay veces que se deja porque son para evitar fallos del usuario que maneje el programa, por ejemplo las **NullPointerException** hay que tratar de solucionarlas siempre porque suelen ser fallos de nuestro código en partes que hemos programado mal, pero las **InputMismacthException** puede ser una buena idea dejarlas porque si pedimos números por teclado y sin querer el usuario mete una letra, el programa se cerraría, pero al mantener la excepción evitamos que se cierre.

Vamos a ver como capturar las excepciones. Tenemos este pequeño código en el **main**:

```
Alumno a = null;
a.getApellidos();
System.out.println("llega aquí");
```

Este trozo de código, por muy pequeño e inofensivo parezca nos va a provocar un **NullPointerException** como una catedral, ¿Por qué? Porque siempre que queramos usar un objeto hay que construirlo y al estar igualado a **null a** no está construido, por tanto no se puede usar y Java, amablemente, nos lo avisa cerrándonos el programa y dejándonos y bonito mensaje en rojo en la consola. Además la línea que debía imprimirse por pantalla no lo hará.

Para evitarlo podemos hacer esto:

```
try{
    Alumno a = null;
    a.getApellidos();
}catch(NullPointerException e){
    System.err.println("No has construido el" + "objeto")
}
System.out.println("llega aquí");
```

Con esto no solo nos aseguramos de que lo que esté debajo del posible error se ejecute, sino que además el programa no se interrumpirá. Lo que ocurre es que tratará de ejecutar **a.getApellidos();** y verá que no está construido, pero como tenemos el bloque **catch** capturando justo la excepción que iba a provocar, ejecutará el código de dentro del **catch** y después seguirá su ejecución normal el programa.

Otro ejemplo metiendo un dato por teclado:

```
try{
    Scanner s = new Scanner(System.in);
    int a = s.nextInt();
}catch(InputMisMatchException e){
    System.err.println("no has metido un número");
}
```

Este pequeño bloque nos evita que si pedimos meter un número por teclado y meten cualquier otra cosa se nos cierre el programa y además avise por pantalla de que pedíamos un número. El **System.err.println()** es igual que el **.ou.println()** solo que escribe en rojo en la consola.

Otra cosa a tener en cuenta es que si tratamos de meter algo en el **try/catch** que no genere esa excepción, nos lo marcará como error. Si por ejemplo metemos algo que creemos puede generar **NullPointerException**, pero Java dice que no lo va a generar, entonces nos marcará como error que esa excepción no va a ocurrir.

También podemos concatenar excepciones:

```
try{
    ...
}catch(InputMisMatchException e){
    ...
} catch(NullPointerException e){
    ...
} catch(IOException e){
    ...
}
```

De tal manera que si puede ocurrir más de una excepción dentro del **try** las capturemos todas.

Hay veces que Java automáticamente nos obligará a usar las excepciones ya que si no las ponemos nos dará error, lo veremos en ficheros. También debéis saber que se pueden meter **try/catch** dentro de otros **try/catch** como ocurre con **if/else if/else**...

3.4 FICHEROS

Los ficheros son una herramienta muy útil dentro de la programación ya que nos permiten almacenar información en forma de texto, acceder a ella y modificarla.

Vamos a usar un tipo de objeto llamado **File** que nos permitirá crear, editar y eliminar ficheros y carpetas y usaremos **BufferedWriter** y **BufferedReader** para escribir y leer respectivamente de los ficheros.

Vamos a hacer un ejemplo muy simple donde crearemos un fichero de texto llamado ficheroEj.txt y escribiremos algo en el:

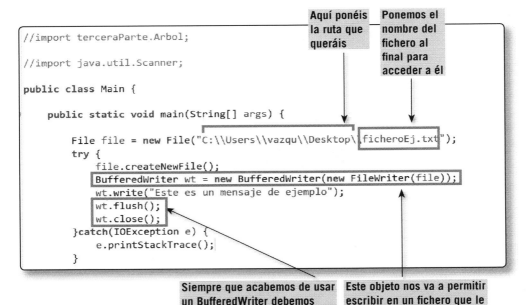

Vamos poco a poco. Primero creamos el objeto **File**, como parámetro hay que pasarle un **String** que será la ruta donde se encuentra el fichero que queremos crear o al que queremos acceder. También podemos crear carpetas, si quisiésemos hacerlo escribiríamos: **"C:\Users\vazqu\Desktop\ficheroEj"**.

Ahora que tenemos nuestro objeto **File** creado y referenciando a un archivo o carpeta, vamos a crear, en este caso, el fichero. Como veis está dentro de un **try/catch** con la excepción **IOException**. Esto es así porque si al ejecutar **file.createNewFile()** la ruta que le proporcionamos a **file** no es correcta, nos saltaría una excepción de este tipo.

Al ejecutar **file.createNewFile()** lo que hacemos es crear el fichero ficheroEj.txt en la ruta especificada. **BufferedWriter** también lo metemos dentro del **try/catch** porque genera la misma excepción. Como vemos le tenemos que pasar como parámetro un **new FileWriter()**, y dentro de **new FileWriter(file)** le pasamos nuestro **File file**. Con esto hecho ya estamos listos para escribir en el fichero que hemos creado.

Para poder escribir usamos directamente **wt.write("")** y el **String** que nosotros queramos se escribirá en nuestro fichero. Finalmente, como no vamos a usar más el **wt** tenemos que cerrarlo para que se guarde toda la información en el fichero. Primero hacemos **wt.flush()** para vaciar toda la información que pudiese estar guardada en memoria y después **wt.close()** para cerrar definitivamente le **BufferedWriter**.

Si ejecutáis este código, veréis que en la ruta que hayáis especificado tendréis un fichero con la frase que hayáis metido.

Este es un ejemplo muy simple y vamos a ver uno más para ver cómo se lee del fichero:

```java
//import terceraParte.Arbol;

//import java.util.Scanner;

public class Main {

    public static void main(String[] args) {

        File file = new File("C:\\Users\\vazqu\\Desktop\\ficheroEj.txt");
        try {
            file.createNewFile();
            BufferedReader rd = new BufferedReader(new FileReader(file));
            System.out.println(rd.readLine());
            rd.close();
        }catch(IOException e) {
            e.printStackTrace();
        }
```

Esta vez usamos un objeto **BufferedReader rd** al que le pasamos como parámetro un **new FileReader(file)**. Con esto estamos listos para poder leer de nuestro fichero. Usamos **rd.readLine()** y lo imprimimos por pantalla. Lo que hacer **rd.readLine()** es leer la primera línea que encuentra del fichero. Si ejecutáis el código, veréis que aparece por pantalla la frase que antes hemos escrito. **BufferedReader** también debe ir en **try/catch** ya que puede generar **IOException**. **BufferedReader** también debe cerrarse con **rd.close()**.

Vamos a ver ahora como leer la información de un fichero si tiene varias líneas. Vamos a nuestro fichero y le añadimos varias filas de frases, por ejemplo:

Primera línea
Esto es otra línea
Casi la última ya

```java
public class Main {

    public static void main(String[] args) {

        File file = new File("C:\\Users\\vazqu\\Desktop\\ficheroEj.txt");
        try {
            file.createNewFile();
            BufferedReader rd = new BufferedReader(new FileReader(file));
            String linea;
            while((linea = rd.readLine()) != null) {
                System.out.println(linea);
            }
            rd.close();
        }catch(IOException e) {
            e.printStackTrace();
        }
    }
```

Con este código podemos leer todas las líneas de un fichero. Vemos que hay algo raro en el **while** que no habíamos visto.

while((linea = rd.readLine) != null){

  ...

}

Realmente no tiene ninguna dificultad. Tenemos **line** que es un **String** que usamos para guardar cada línea del fichero e imprimirlas por pantalla. Lo que ocurre en el **while** es que primero hacemos, gracias a los paréntesis, que **linea** valga lo que **rd.readLine()** acaba de leer, es decir, la primera línea y la imprime. En el segundo ciclo **rd.readLine()** lee la segunda línea del fichero y hace que **linea** valga eso y la imprime por pantalla y así hasta que no haya más lineas en el fichero.

Antes os he comentado que podíamos crear carpetas también y os he dicho como habría que poner la ruta, pero en vez de usar **file.createNewFile()** usamos **file.mkdir()**.

También os he comentado que podemos eliminar ficheros y carpetas con **File**. Esta operación no hay que hacerla dentro del **try/catch** (aunque podemos si dentro del **try/catch** metemos otra operación que genere una excepción) ya que no genera excepciones. Devuelve un **boolean** por lo que puede ser útil meter esta función en un **if** para comprobar si el fichero se ha eliminado o no. La forma de eliminar un fichero o carpeta es **file.delete()**.

Pueden surgirnos algunos problemas al eliminar carpetas ya que puede que dentro de esta carpeta haya archivos y/ carpetas y dentro de éstas más archivos y/ o carpetas…

Lo mejor para esto sería eliminar de manera recursiva todo su contenido, comenzando a buscar si hay subcarpetas dentro de la carpeta que queremos eliminar, y si hay carpetas dentro de ésta… hasta llegar a una que solo tenga ficheros dentro o esté vacía. Después ir subiendo niveles y hacer lo mismo hasta dejar la carpeta que queremos eliminar vacía. Una vez vacía eliminarla no es un problema, **file.delete()**.

File nos ofrece varios métodos muy interesantes, os dejo algunos de ellos:

exists()	Comprueba si el fichero o carpeta a la que queremos acceder existe en la ruta especificada. Devuelve **boolean**
getParent()	Nos devuelve un **String** con la ruta de la carpeta padre.
isDirectory() e isFile()	Dos funciones que nos dicen si el archivo de la ruta es un fichero o si es un directorio, devuelve **boolean**
listFiles()	Devuelve un **Array** de **File** con todos los ficheros y carpetas que contiene una carpeta

Vamos a ver este último método. Vamos a hacer un pequeño programa que dada una carpeta nos diga todo lo que tiene dentro (solo el primer nivel, si tiene subcarpetas no diremos que tiene dentro).

```java
public class Main {

    public static void main(String[] args) {

        File file = new File("C:\\Uesers\\vazqu\\Desktop");
        File[] listaDeArchivos = file.listFiles();

        for (int i = 0; i < listaDeArchivos.length; i++) {
            if(listaDeArchivos[i].isFile()) {
                System.out.println("Fichero: " + listaDeArchivos[i].getName());
            }else if(listaDeArchivos[i].isDirectory()){
                System.out.println("Directorio: " + listaDeArchivos[i].getName());
            }
        }
    }
```

Primero creamos nuestro **File** con la ruta que queremos, en este caso yo voy a ver que hay en mi escritorio. Después creamos un **array** de **Files** ya que **file.listFiles()** nos devuelve un **array** con todos los **File** que hay en el directorio. Ahora hacemos un bucle que nos recorra todo el **array** y usando **isFile()** e **isDirectory()** vemos los tipos de archivos que son cada uno.

Quiero recalcar que cuando escribimos en un fichero por primera vez no hay ningún problema, se guarda dentro lo que le escribamos, pero si escribimos por segunda vez no se concatena si no que sustituye lo nuevo que escribamos a lo viejo, por tanto, si queremos mantener lo viejo y añadir lo nuevo debemos añadir en el constructor de **Filewriter** un **true** como segundo parámetro después de **file**, des este modo empezará justo después de lo viejo.

Como veis los ficheros son muy útiles ya que nos permiten comprobar rutas, crear y eliminar ficheros y carpetas, editar ficheros de texto… Pero una de las funciones más importantes que tienen es guardar datos, de tal manera que si necesitamos guardar nombres de usuarios, DNI, id de algún tipo en un sistema de información (para un proyecto simple) o algún tipo de dato para un programa que queramos que mantenga los datos cada vez que se inicie, los ficheros son perfectos.

Por supuesto una de las maneras más útiles de almacenar datos es pedirlos mediante teclado y guardarlos en un **String** para después pasarlo como parámetro al método **.write()**, pero a estas alturas casi seguro que ya se os había ocurrido.

3.5 MÉTODOS MÁS COMUNES DE ORDENACIÓN DE VECTORES

Si cogéis alguna carrera de informática lo más probable es que tarde o temprano os encontréis con estos algoritmos de ordenación. Sirven principalmente para ordenar las componentes de vectores numéricos, pero también se pueden usar para ordenar **String**, aunque habría que hacerle modificaciones. Nosotros vamos a verlo únicamente para números.

Primero veremos el algoritmo de la burbuja, consiste en comparar el primero con el segundo, si el segundo es menor que el primero se intercambian los valores. Después el segundo con el tercero y así sucesivamente. Una vez no se puedan intercambiar más, el vector estará ordenado.

Vamos a ver como es el código de este algoritmo:

```java
package terceraParte;

public class AlgoritmosDeOrdenacion {

    public static void burbuja(int[] lista) {
        int intercambios = 0;
        boolean ordenado = false;

        while(!ordenado) {
            for (int i = 0; i < lista.length; i++) {
                if(lista[i] > lista[i + 1]) {
                    int aux = lista[i];
                    lista[i] = lista[i + 1];
                    lista[i + 1] = aux;
                    intercambios++;
                }
            }
            if(intercambios == 0) {
                ordenado = true;
            }
            intercambios = 0;
        }
    }
}
```

Vamos a ver gráficamente que ocurre. Supongamos que tenemos el **array** con componentes **[3, 2, 4, 1, 5]**, vamos a ordenarlo con este algoritmo siguiendo el código. Al principio tenemos esto:

3	2	4	1	5

Mientras que no esté ordenado el vector vamos a repetir el bucle **for**, que lo que hace es recorrer el vector entero. Para cada ciclo del **for** nos preguntamos si la componente **i** es mayor que la componente **i + 1**, es decir, eso es mayor que el número de su derecha, pero ¿Por qué hacemos en el **for < lista.length − 1**? Porque estamos comparando **i** con **i + 1**, nuestro vector tiene **length = 5** por tanto si llegamos a **i = 4**, la posición **i + 1 = 5** no existe y obtendríamos una excepción.

Continuamos con el código. Si ocurre que **i** es mayor que **i + 1**, entonces cambiamos de posición **i** con **i + 1** con los auxiliares que tenemos. Si realizamos un cambio sumamos en uno la variable **intercambios**. En el primer ciclo (del **while**) ocurriría esto:

2	3	4	1	5

2	3	1	4	5

En el segundo ciclo (del **while**) tenemos estos cambios:

2	1	3	4	5

Y finalmente en el tercer ciclo:

1	2	3	4	5

Y ya tenemos el vector ordenado.

Vamos ahora con el algoritmo Quicksort, que por lo general suele ser el más eficiente. Ordena un array mediante un pivote (el punto más intermedio posible), es como si se ordenaran pequeños trozos del array, haciendo que a la izquierda estén los menores a ese pivote y en la derecha los mayores. Después se vuelve a calcular el pivote de trozos de listas mediante recursividad.

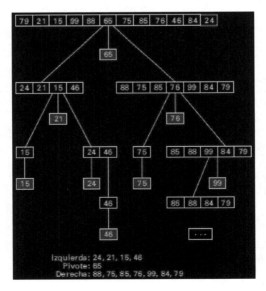

La imagen anterior describe como se ordena con este algoritmo. Vamos a ver el código:

```java
public static void quickSort(int[] arr, int menor, int mayor) {
    int pivote = arr[(mayor + menor) / 2];
    int i = menor;
    int j = mayor;

    while(i <= j) {
        while(arr[i] < pivote) {
            i++;
        }

        while(arr[j] > pivote) {
            j++;
        }

        if(i <= j) {
            int temp = arr[i];
            arr[i] = arr[j];
            arr[j] = temp;
            i++;
            j--;
        }

        if(menor < j) {
            quickSort(arr, menor, j);
        }

        if(mayor > i) {
            quickSort(arr, i, mayor);
        }
    }
}
```

Primero creamos el punto pivote en el medio o casi en el medio del **array**. Después nos ayudamos de unas variables auxiliares **i, j** que representarán a nuestro **mayor** y **menor**.

En el primer **while** tratamos de buscar algún número que sea mayor que **pivote**, ya que a la izquierda solo pueden ir números menores. En el segundo buscamos algún número que menor que **pivote** ya que a la derecha solo van mayores.

Si se han encontrado algunos en el lugar equivocado en los **while**, en el **if** siguiente se les intercambia la posición e incrementamos **i** y decrementamos **j** para la recursividad que viene después, la cual nos hará el mismo proceso, pero cogiendo trozos más pequeños del **array** hasta que al final quede todo ordenado.

3.6 INTERFAZ GRÁFICA

Hasta ahora hemos ejecutado todos nuestros programas en la consola, lo que está bastante bien porque hemos hecho programas interesantes, pero al final verlo siempre en la consola, además de poder llegar a resultar molesto o repetitivo, es aburrido.

Por ello vamos a ver la interfaz gráfica de Java, la cual nos permite darle más vida a nuestros programas. En este apartado no os voy a enseñar a construir un programa increíble con la interfaz, pero si que os voy a dar las bases de como funcionan muchas de las partes de la interfaz.

Lo primero que debéis saber es que vamos a trabajar con nuevos objetos a los que debéis ir acostumbrándoos, como **JPanel**, **JFrame**, **JButton**, **JLabel**, **JTextField** Si como podéis ver todo empieza por **J**, casi todos los objetos relacionados con la interfaz gráfica lo hacen.

Lo primero va a ser explicar como funciona el **JFrame**, que es la ventana de la aplicación. Podemos usar otro tipo de ventanas como los **JDialog**, pero por el momento nos centraremos en **JFrame**.

Vamos a crear nuestra primera ventana que de primeras no contendrá nada, pero me servirá como comienzo para explicar las diferentes partes y métodos que tiene. Vamos con el código:

```java
package terceraParte;

import javax.swing.JDialog;              Clase de la que heredamos.
import javax.swing.JFrame;

public class Ventana extends JFrame{
                                         Métodos por explicar.
    public Ventana(int ancho, int alto) {
        super();
        super.setSize(ancho, alto);
        super.setDefaultCloseOperation(JFrame.DISPOSE_ON_CLOSE);
        super.setVisible(true);
    }
}
```

Lo primero que hacemos es heredar de la clase **JFrame**. Podemos hacer dos cosas:

1. Heredar de **JFrame** de tal manera que nuestra clase se convertirá en

2. No heredar de **JFrame** y crear un objeto **JFrame** y trabajar con él.

Yo desde luego prefiero la opción de transformar nuestra clase en un **JFrame**, pero ¿Qué es un **JFrame** ya que hablo tanto de él? Bueno, como se suele decir, una imagen vale más que mil palabras. Vamos al **main** y creamos un objeto **Ventana** al que le pasamos unos parámetros, que serán la anchura y altura de nuestro **JFrame**. Una vez creado, ejecutamos y obtenemos esto:

```
Ventana v = new Ventana(800, 600);
```

Efectivamente hemos creado nuestra primera ventana gráfica. Con esto es a lo que me refiero todo el rato con **JFrame**. Vamos ahora con el código de nuestra clase **Ventana**.

Vemos que el constructor tiene dos parámetros: **ancho** y **alto**, los cuales, como podéis imaginar y ya os he comentado, indican el tamaño de nuestro **JFrame**. Después hacemos **super()**, para llamar al constructor de la clase padre, **JFrame** en este caso, para que nos cree lo básico de una ventana.

Después con **super.setSize()** le damos a nuestro **JFrame** los atributos que definen su tamaño, en este caso con **ancho** y **alto**. Después vemos una línea muy larga y de la cual no entenderéis nada, pero es muy sencilla en realidad. **super.se**

tDefaultCloseOperation(JDialog.*DISPOSE_ON_CLOSE*); lo que le indica a la ventana (usaré ventana sin poner en negrita para referirme al **JFrame**, cuando lo haga en negrita será refiriéndome a un objeto o a la propia clase **Ventana** que hemos creado) es que cuando la cerremos todo sea eliminado de la memoria para no ocupar espacio de manera inútil. Es muy conveniente ponerlo siempre.

Finalmente vemos **super.setVisible(true)**, lo que hace que la ventana sea visible porque si no ponemos esa línea, por defecto la ventana no se verá, por lo que acordaos de ponerla siempre, os evitará muchos errores tontos.

Como os podéis imaginar es una clase muy simple, así que vamos a añadirle algunos compañeros como el **JPanel** y una **JLabel**.

Un **JPanel** se suele equiparar con un lienzo. El **JFrame** es el marco y el **JPanel** es el propio lienzo donde pintamos, o en este caso, donde añadimos nuestros elementos, por tanto, vamos a crear un objeto **JPanel** en nuestra clase y también vamos a crear un objeto **JLabel**, que es una simple etiqueta:

```java
public class Ventana extends JFrame{

    private JPanel panel;
    private JLabel label;

    public Ventana(int ancho, int alto) {
        super();
        panel = new JPanel(new FlowLayout());
        label = new JLabel("Mi primera ventana con texto");
        label.setFont(new Font("Arial", Font.PLAIN, 25));
        panel.add(label);

        super.add(panel);
        super.setSize(ancho, alto);
        super.setDefaultCloseOperation(JFrame.DISPOSE_ON_CLOSE);
        super.setVisible(true);
    }
}
```

Antes de continuar, si os marca errores en los objetos a incluir es porque hay que importar las clases. Vamos con el código.

Añadimos **label** y **panel**. En el constructor creamos el objeto **panel**, el cual toma como parámetro un objeto de tipo **FlowLayout()**. Este objeto lo que hace es indicar al **JPanel** como debe ordenar los componentes que le agreguemos y hay diferentes tipos de **layouts**, pero nos quedamos con **FlowLayout** que es de los más simples. Con esa línea tenemos nuestro **panel** listo para ser usado, es decir, nuestro lienzo.

Vamos a añadirle una **label** a nuestro lienzo. Primero construimos **label** que es, como os he dicho antes, una etiqueta que nos pide como parámetro un **String** el cual será el texto que muestro. Tiene más constructores, pero veremos este que es el más básico. La línea que va justo debajo es un reajuste de las propiedades de su letra. Así como en Word podemos cambiar la fuente, tamaño, color de nuestra letra aquí también y se hace con el método **setFont(Font font)**. **Font** es un tipo de objeto que nos permite modificar la letra. He usado el constructor que nos permite modificar la fuente (Arial), si está subrayada, en negrita o en plano (**Font.Plain**) y finalmente el tamaño de la letra. Podéis cacharrear con los diferentes valores, tipos de fuente

De tal manera que ya tenemos nuestra etiqueta, nuestro lienzo y nuestro marco, pero separados y si están separados no funcionarán, por tanto vamos a juntarlos. La forma de hacerlo es añadirlos uno encima de otro. Nosotros lo que ponemos encima de nuestro lienzo son **JComponent**, es decir, componentes de la interfaz gráfica de Java, como **JLabel** y otros muchos de los cuales veremos algunos. Y finalmente debemos encajar el lienzo en el marco. La forma de añadir unas cosas encima de otras es con el método **add(JComponent component)**. Antes de juntar nada, tenemos esto:

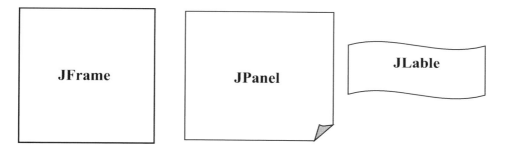

Primero juntamos **label** con **panel** para que queden unidos con el método **add()**, de tal manera que con **panel.add(label)** conseguimos esto:

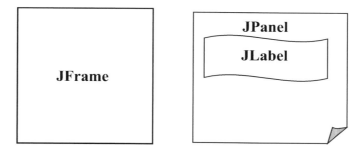

Ahora **label** está dentro de **panel**, pero no nos basta con esto ya que queremos que **label** se vea en nuestra ventana, por lo que debemos añadir **panel** al **JFrame**, que se hace con la misma función que usamos con **panel**, resultando en esto:

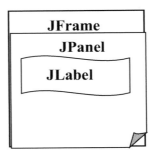

Por fin tenemos todo junto y podemos visualizar **label** con nuestros objetos **Ventana**. Si ejecutamos obtendremos esto por pantalla:

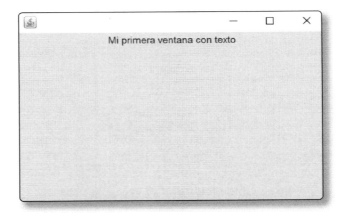

El **JPanel** por sí mismo no tiene apariencia por lo que si solo añadimos un **JPanel** a un **JFrame** no veremos ninguna diferencia con respecto a si no lo añadimos.

Puede ser un proceso algo engorroso de entender al principio, pero con la paráctica se le coge el truco. Debemos tener en cuenta el esquema:

JFrame → JPanel → JComponents

Donde **JFrame** es el objeto que está más arriba en la escala ya que es el marco que engloba al lienzo y todos sus componentes.

Vamos a ver ahora como añadir un botón, ya que una etiqueta solo queda bonita, pero al final se hace un poco aburrida. Para ello vamos a seguir el mismo procedimiento que para la **JLable**, pero usando **JButton**, que también toma como parámetro un **String**, que será el texto que lleve el botón. También le podemos modificar la fuente como hicimos con **JLabel**:

```java
package terceraParte;

import java.awt.FlowLayout;
import java.awt.Font;

import javax.swing.JButton;
import javax.swing.JFrame;
import javax.swing.JLabel;
import javax.swing.JPanel;

public class Ventana extends JFrame{

    private JPanel panel;
    private JLabel label;
    private JButton button;

    public Ventana(int ancho, int alto) {
        super();
        panel = new JPanel(new FlowLayout());
        label = new JLabel("Mi primera ventana con texto");
        label.setFont(new Font("Arial", Font.PLAIN, 25));
        button = new JButton("Mi boton");
        button.setFont(new Font("Arial", Font.PLAIN, 25));
        panel.add(label);
        panel.add(button);

        super.add(panel);
        super.setSize(ancho, alto);
        super.setDefaultCloseOperation(JFrame.DISPOSE_ON_CLOSE);
        super.setVisible(true);
    }
}
```

Como podéis ver se pueden añadir muchos **JComponent** a un mismo **JPanel**. Si ejecutamos el código obtenemos:

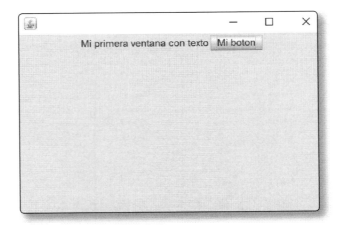

Muy bien, ya tenemos nuestro botón, pero si lo pulsamos no hace nada... Esto es porque tenemos que programar su funcionamiento. No voy a entrar en detalle de como funciona todo lo que voy a hacer ahora ya que requiere una extensa explicación de temario que no hemos visto ni veremos en este libro, sois libres de investigar por vuestra cuenta.

Lo que voy a hacer es darle unas instrucciones para que haga cuando lo pulsemos:

```java
button.setFont(new Font("Arial", Font.PLAIN, 25));
button.addActionListener(new ActionListener() {

    @Override
    public void actionPerformed(ActionEvent arg0) {
        System.out.println("El boton ya tiene una funcion!");
    }

});
```

Con estas nuevas líneas conseguimos que al pulsar el botón se nos escriba por consola esa frase. Lo que hacemos es añadir al **button** lo que se llama un **ActionListener**, que es básicamente una clase que avisa al **JButton** de que el ratón lo ha pulsado. Tiene parámetro que es un **ActionListener** y que lo escribimos de una manera que no habíamos visto hasta ahora. Simplemente por ahora hay que aprenderla y sabed que lo que queramos que haga el botón va dentro de la función **actionPerformed()**. En este caso yo le he dicho que me escriba esa frase por pantalla.

Vamos a hacer un programa algo más interesante en el que mezclaremos interfaz gráfica y ficheros. Primero crearemos un objeto **JTextField** que es un área de texto para escribir, después un **JButton** y almacenaremos en un fichero de texto todo lo que se escriba en el **JTextField**.

(1/3)

```java
public class Ventana extends JFrame{

    private JPanel panel;
    private JLabel label;
    JTextField field;
    private JButton button;
    File file;

    public Ventana(int ancho, int alto) {
        super();
        file = new File("C:\\Users\\vazqu\\Desktop\\prueba.txt");


        panel = new JPanel(new FlowLayout());
        field = new JTextField();
        field.setFont(new Font("Arial", Font.PLAIN, 25));
        field.setColumns(20);
        label = new JLabel("Mi primera ventana con texto");
        label.setFont(new Font("Arial", Font.PLAIN, 25));
        button = new JButton("Mi boton");
        button.setFont(new Font("Arial", Font.PLAIN, 25));
```

Primero creamos nuestros atributos: **panel**, **field**, **button** y **file**. En el constructor creamos estos objetos. En **file** podéis darle la ruta que vosotros queráis. **JTextField** lo podemos iniciar con o sin parámetros. El constructor más sencillo sería pasarle un **String** que haría de texto predeterminado en el campo de texto. Después le cambiamos la letra (cada uno hacedlo a vuestro gusto) y finalmente hacemos **field. setColumns(20)**, si no hacemos esto el **JTextField** se verá tan pequeño que casi no podremos usarlo, es básicamente para darle una longitud, podéis cacharrear con los valores. Finalmente creamos el **JButton** igual que anteriormente, pero con otro texto.

Lo que viene ahora es todo lo que ocurrirá cuando hagamos un simple clic en el botón. Voy a haceros un pequeño resumen de lo que pasará: primero el programa comprobará si el archivo de texto existe, si no existe lo creará y continuará, si existe simplemente continúa. Comprobará si hay algo escrito en el archivo, después escribirá lo que tengamos en el **JTextField**, pero todo esto (a excepción de comprobar si el fichero existe que ocurre si o si) solo ocurrirá si hemos escrito algo en el **JTextField**, si no escribimos nada, nos ahorramos todo esto:

(2/3)

```java
@Override
public void actionPerformed(ActionEvent arg0) {
    BufferedWriter wr;
    if(!file.exists()) {
        try {
            file.createNewFile();
        } catch (IOException e) {
            // TODO Auto-generated catch block
            e.printStackTrace();
        }
    }

    if(!field.getText().equals("")) {
        try {
            wr = new BufferedWriter(new FileWriter(file, true));
            wr.write(field.getText());
            wr.newLine();
            wr.flush();
            wr.close();
        } catch (IOException e) {
            // TODO Auto-generated catch block
            e.printStackTrace();
        }
    }
}
```

Como hemos hecho antes, añadimos un **ActionListener** a nuestro botón. En la función **actionPerformed()** definimos que queremos que haga. Primero comprobamos si el fichero existe con **file.exists()**, decimos que si no existe, entonces que lo cree. Como ya sabemos, **file.createNewFile()** necesita **try/catch** por si la ruta no fuese correcta.

Después comprobamos si el **JTextField** tiene algo escrito. Para obtener el texto de un **JTextField** usamos **field.getText()** y después con **.equals()** comparamos si el texto que tiene es igual a "", es decir, texto en blanco.

(3/3)

```java
                wr = new BufferedWriter(new FileWriter(file, true));
                wr.write(field.getText());
                wr.newLine();
                wr.flush();
                wr.close();
            } catch (IOException e) {
                // TODO Auto-generated catch block
                e.printStackTrace();
            }
        }
    }
});
panel.add(label);
panel.add(button);
panel.add(field);

super.add(panel);
super.setSize(ancho, alto);
super.setDefaultCloseOperation(JFrame.DISPOSE_ON_CLOSE);
super.setVisible(true);
```

Ahora construimos **wr** que nuevamente ya vimos para que servía en ficheros. Seguidamente escribimos lo que teníamos en el **field** y después un salto de línea para que cada palabra o frase estén en una línea distinta.

Ya una vez fuera del **addActionListener()** añadimos **field** y **button** a **panel** y éste al **JFrame**. Finalmente añadimos las 3 líneas restantes para dar el tamaño del **JFrame**, para que se elimine de memoria cada vez que cerremos la venta y finalmente para hacer que la ventana se vea.

Os voy a mostrar como queda ahora cuando lo ejecuamos:

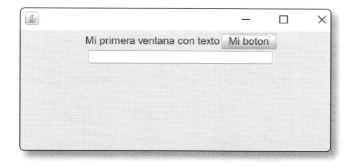

Ahora todo lo que escribamos en **field**, cuando pulsemos el botón se añadirá al fichero que hemos creado. Es un programa muy simple, pero la idea es que os sirva como base para que investiguéis como hacer cosas más interesantes, que probéis diferentes tipos de **layout** (aunque son un poco complicados de entender)... Pero si queréis hacer interfaces gráficas de una manera rápida porque no os gusta mucho hacerlas con código os recomiendo **Netbeans**. Es un **IDE** como **Eclipse**, pero nos permite hacer interfaces gráficas de manera gráfica en vez de con código como hemos hecho ya que genera automáticamente el código. Yo personalmente prefiero escribir el código, pero os recomiendo que probéis esto que os comento para que veais la diferencia, además nos deja ver el código de lo que hacemos arrastrando los componentes por lo que es una muy buena manera de aprender como se pone el código para que un **JComponent** haga lo que nosotros queramos, que **layout** usar, que es cada componente...

SOLUCIONES DE LOS EJERCICIOS DE JAVA Y C++. PASO A PASO

EJERCICIO 1

Java

```java
public class Main {

    public static void main(String[] args) {

        Scanner sc = new Scanner(System.in);
        System.out.println("Introduce el radio: ");
        int radio = sc.nextInt();
        System.out.println("El area de la circunferencia es: " + (Math.PI * radio * radio));
```

C++

```cpp
#include <iostream>
#include <string>
#include <math.h>

using namespace std;

int main()
{
    int radio;
    cout << "Introduce el radio de la circunferencia: " << endl;
    cin >> radio;
    cout << "El área de la circunferencia es: " << M_PI * radio * radio << endl;
    return 0;
}
```

EJERCICIO 2

Java

```
public class Main {

    public static void main(String[] args) {

        Scanner sc = new Scanner(System.in);
        System.out.println("Introduce el numero en cm: ");
        int cantidad = sc.nextInt();
        System.out.println("El numero pasado a metros es: " + (cantidad / 100));
```

C++

```
#include <iostream>
#include <string>
#include <math.h>

using namespace std;

int main()
{
    double cantidad;
    cout << "Introduce el numero en cm: " << endl;
    cin >> cantidad;
    cout << "El número pasado a metros es: " << cantidad / 100 << endl;
    return 0;
}
```

EJERCICIO 3

Java

```java
public class Main {

    public static void main(String[] args) {

        Scanner sc = new Scanner(System.in);
        System.out.println("Introduce el primer cateto: ");
        double cateto1 = sc.nextDouble();
        System.out.println("Introduce el segundo cateto: ");
        double cateto2 = sc.nextDouble();
        System.out.println("La hipotenusa es: " + (Math.sqrt(cateto1 * cateto1 + cateto2 * cateto2)));
```

C++

```cpp
#include <iostream>
#include <string>
#include <math.h>

using namespace std;

int main()
{
    double cateto1;
    cout << "Introduce el primer cateto: " << endl;
    cin >> cateto1;
    double cateto2;
    cout << "Introduce el segundo cateto: " << endl;
    cin >> cateto2;
    cout << "La hipotenusa es: " << sqrt(cateto1*cateto1 + cateto2*cateto2) << endl;
    return 0;
}
```

EJERCICIO 4

Java

```java
public class Main {

    public static void main(String[] args) {

        Scanner sc = new Scanner(System.in);
        System.out.println("Introduce un numero: ");
        int x = sc.nextInt();
        if(x % 2 == 0) {
            System.out.println("Es par");
        }else {
            System.out.println("No es par");
        }
```

C++

```cpp
#include <iostream>
#include <string>
#include <math.h>

using namespace std;

int main(){
    cout << "Introduce un numero: " << endl;
    int x;
    cin >> x;

    if(x % 2 == 0){
        cout << "Es par";
    }else{
        cout << "No es par";
    }

    return 0;
}
```

EJERCICIO 5

Java

```java
public class Main {

    public static void main(String[] args) {

        Scanner sc = new Scanner(System.in);
        System.out.println("Introduce una letra: ");
        char c = sc.nextLine().charAt(0);
        if((int)c >= (int)'a' && (int)c <= (int)'z') {
            System.out.println("Minuscula");
        }else {
            System.out.println("Mayuscula");
        }
    }
```

C++

```cpp
#include <iostream>
#include <string>
#include <math.h>

using namespace std;

int main(){

    cout << "Introduce una letra" << endl;
    char c;
    cin >> c;

    if((int)c >= (int)'a' && (int)c <= (int)'z'){
        cout << "Es miniscula";
    }else{
        cout << "Es mayuscula";
    }

    return 0;
}
```

EJERCICIO 6

Java

```java
public static void main(String[] args) {

    Scanner sc = new Scanner(System.in);
    System.out.println("Jugador A: ");
    int puntosA = sc.nextInt();
    int puntosB = sc.nextInt();

    if(puntosA > 7 || puntosB > 7) {
        System.out.println("Puntiacion invalida");
    }else if((puntosA < 5 && puntosB > 6) || (puntosB < 5 && puntosA > 6)) {
        System.out.println("Puntiacion invalida");
    }else if(puntosA == 6 && puntosB < 5) {
        System.out.println("Gana A");
    }else if(puntosB == 6 && puntosA < 5) {
        System.out.println("Gana B");
    }else if(puntosA == 7 && puntosB >= 5 && puntosB <= 6) {
        System.out.println("Gana A");
    }else if(puntosB == 7 && puntosA >= 5 && puntosA <= 6) {
        System.out.println("Gana B");
    }else if((puntosA == puntosB && puntosA < 7) || (puntosA != puntosB && puntosA < 7)) {
        System.out.println("El set no se ha acabado");
    }else {
        System.out.println("Puntuacion invalida");
    }
```

C++

```cpp
#include <iostream>
#include <string>
#include <math.h>

using namespace std;

int main(){

    cout << "Jugador A: " << endl;
    int puntosA;
    cin >> puntosA;

    int puntosB;
    cin >> puntosB;

    if(puntosA > 7 || puntosB > 7){
        cout << "Puntuación inválida";
    }else if((puntosA < 5 && puntosB > 6) || (puntosB < 5 && puntosA > 6)){
        cout << "Puntuación inválida";
    }else if(puntosA == 6 && puntosB < 5){
        cout << "Gana A";
    }else if(puntosB == 6 && puntosA < 5){
        cout << "Gana B";
    }else if(puntosA == 7 && puntosB >= 5 && puntosB <= 6){
        cout << "Gana A";
    }else if(puntosB == 7 && puntosA >= 5 && puntosA <= 6){
        cout << "Gana B";
    }else if((puntosA == puntosB && puntosA < 7) || (puntosA != puntosB && puntosA < 7)){
        cout << "El set no ha acabado";
    }else{
        cout << "Puntuación inválida";
    }

    return 0;
}
```

EJERCICIO 7

Java

```java
public class Main {

    public static void main(String[] args) {

        for(int i = 0; i <= 10; i++) {
            System.out.println("3 x " + i + " = " + (3 * i));
        }
```

C++

```cpp
#include <iostream>
#include <string>
#include <math.h>

using namespace std;

int main(){

    for(int i = 0; i <= 10; i++){
        cout << "3 x " << i << " = " << (3*i) << endl;
    }

    return 0;
}
```

EJERCICIO 8

Java

```java
public class Main {

    public static void main(String[] args) {

        Scanner sc = new Scanner(System.in);
        System.out.println("Introduce un numero: ");
        int x = sc.nextInt();

        for(int i = 0; i <= 10; i++) {
            System.out.println(x + " ^ " + i + " = " + Math.pow(x, i));
        }
    }
```

C++

```cpp
#include <iostream>
#include <string>
#include <math.h>

using namespace std;

int main(){
    cout << "Introduce un numero: " << endl;
    int x;
    cin >> x;

    for(int i = 0; i <= 10; i++){
        cout << x << " elevado a " << i << " = " << pow(x, i) << endl;
    }

    return 0;
}
```

EJERCICIO 9

Java

```java
public class Main {

    public static void main(String[] args) {

        Scanner sc = new Scanner(System.in);
        System.out.println("Introduce un numero: ");
        int x = sc.nextInt();

        int i = 1;
        boolean esPrimo = true;
        while(i <= x && esPrimo) {
            if((i != 1 && i != x) && (x % i == 0)) {
                esPrimo = false;
                System.out.println("El numero no es primo");
            }
            i++;

            if(esPrimo) {
                System.out.println("es primo");
            }
        }
    }
```

C++

```cpp
#include <iostream>
#include <string>
#include <math.h>

using namespace std;

int main(){
    cout << "Introduce un numero: " << endl;
    int x;
    cin >> x;
    int i = 1;
    bool esPrimo = true;
    while(i <= x && esPrimo){
        if((i != 1 && i != x) && (x % i == 0)){
            esPrimo = false;
            cout << "El numero no es primo";
        }
        i++;

    }

    if(esPrimo){
        cout << "es primo";
    }

    return 0;
}
```

EJERCICIO 10

Java

```java
public class Main {

    public static void main(String[] args) {

        int contador = 0;

        for(int i = 0; i <= 50; i++) {
            if(i % 2 == 0) {
                System.out.println(i + " es par");
                contador++;
            }
        }

        System.out.println("Hay " + contador + " numeros pares entre 0 y 50");
```

C++

```cpp
#include <iostream>
#include <string>
#include <math.h>

using namespace std;

int main(){
    int contador = 0;

    for(int i = 0; i <= 50; i++){
        if(i % 2 == 0){
            cout << i << " es par" << endl;
            contador++;
        }
    }

    cout << "Hay " << contador << " numeros pares entre 0 y 50";

    return 0;
}
```

EJERCICIO 11

Java

```java
public class Main {

    public static void main(String[] args) {

        for(int i = 0; i < 4; i++) {
            for(int j = 0; j < 10; j++) {
                if(i == 0 || i == 3) {
                    System.out.println("*");
                }else {
                    if(j == 0 || j == 9) {
                        System.out.println("|");
                    }else {
                        System.out.println(" ");
                    }
                }
            }
            System.out.println();
        }
```

C++

```cpp
#include <iostream>
#include <string>
#include <math.h>

using namespace std;

int main(){
    for(int i = 0; i < 4; i++){
        for(int j = 0; j < 10; j++){
            if(i == 0 || i == 3){
                cout << "*";
            }else{
                if(j == 0 || j == 9){
                    cout << "|";
                }else{
                    cout << " ";
                }
            }
        }
    cout << "" << endl;
    }

    return 0;
}
```

EJERCICIO 12

Java

```java
public class Main {

    public static void main(String[] args) {

        int sum = 0;
        for(int i = 0; i <= 100; i++) {
            sum += i;
        }
        System.out.println("La suma es " + sum);
```

C++

```cpp
#include <iostream>
#include <string>
#include <math.h>

using namespace std;

int main(){
    int sum = 0;
    for(int i = 0; i <= 100; i++){
        sum += i;
    }

    cout << "La suma es " << sum;

    return 0;
}
```

EJERCICIO 13

Java

```java
public class Main {

    public static void main(String[] args) {

        System.out.println("Escribe s para salir del bucle o c para continuar");
        Scanner sc = new Scanner(System.in);
        char c = sc.nextLine().charAt(0);

        while(c != 's') {
            System.out.println("Sigues en el bucle");
            System.out.println("Escribe s para salir del bucle o c para continuar");
            c = sc.nextLine().charAt(0);
        }

        System.out.println("Has salido del bucle");
```

C++

```cpp
#include <iostream>
#include <string>
#include <math.h>

using namespace std;

int main(){
    cout << "Escribe s para salir del bucle o c para continuar" << endl;
    char c;
    cin >> c;

    while(c != 's'){
        cout << "Sigues en el bucle" << endl;
        cout << "Escribe s para salir del bucle o c para continuar" << endl;
        cin >> c;
    }

    cout << "Has salido del bucle";
    return 0;
}
```

EJERCICIO 14

Java

```java
public class Main {

    public static void main(String[] args) {

        System.out.println("Introduce una palabra o frase: ");
        Scanner sc = new Scanner(System.in);

        System.out.println(sc.nextLine().length());
```

C++

```cpp
#include <iostream>
#include <string.h>
#include <math.h>

using namespace std;

int main(){
    cout << "Introduce una frase o palabra: " << endl;
    string c;
    getline(std::cin, c);

    cout << c.length();
    return 0;
}
```

EJERCICIO 15

Java

```java
public class Main {

    public static void main(String[] args) {

        System.out.println("Introduce una palabra o frase: ");
        Scanner sc = new Scanner(System.in);
        String s = sc.nextLine();
        int contador = 0;

        for(int i = 0; i < s.length(); i++) {
            if(s.charAt(i) != ' ') {
                contador++;
            }
        }

        System.out.println(contador);
```

C++

```cpp
#include <iostream>
#include <string.h>
#include <math.h>

using namespace std;

int main(){
    cout << "Introduce una palabra o frase: " << endl;
    string s;
    getline(std::cin, s);
    int contador = 0;

    for(int i = 0; i < s.length(); i++){
        if(s[i] != ' '){
            contador++;
        }
    }

    cout << contador;
    return 0;
}
```

EJERCICIO 16

Java

```java
public class Main {

    public static void main(String[] args) {

        System.out.println("Introduce una palabra o frase: ");
        Scanner sc = new Scanner(System.in);
        String s = sc.nextLine();
        int contador = 0;

        for(int i = 0; i < s.length(); i++) {
            if(s.charAt(i) == 'a') {
                contador++;
            }
        }

        System.out.println(contador);
```

C++

```cpp
#include <iostream>
#include <string.h>
#include <math.h>

using namespace std;

int main(){
    cout << "Introduce una palabra o frase: " << endl;
    string s;
    getline(std::cin, s);
    int contador = 0;

    for(int i = 0; i < s.length(); i++){
        if(s[i] == 'a'){
            contador++;
        }
    }

    cout << contador;
    return 0;
}
```

EJERCICIO 17

Java

```java
public class Main {

    public static void main(String[] args) {

        System.out.println("Introduce 10 numeros, pero si introduces un 0 no podras meter mas: ");
        Scanner sc = new Scanner(System.in);
        int n = sc.nextInt();
        int[]arr = new int[10];
        int i = 0;

        while(n != 0) {
            arr[i] = n;
            System.out.println("Introduce el siguiente: ");
            n = sc.nextInt();
            i++;
        }

        int mayor = arr[0];
        for (int j = 0; j < arr.length; j++) {
            if(arr[j] > mayor) {
                mayor = arr[j];
            }
        }

        System.out.println("El mayor es: " + mayor);
```

C++

```cpp
#include <iostream>
#include <string.h>
#include <math.h>

using namespace std;

int main(){
    cout << "Introduce hasta 10 números, pero si metes un 0 se acabará el introducir: " << endl;
    int n;
    cin >> n;
    int arr[10] = {0,0,0,0,0,0,0,0,0,0};
    int i = 0;

    while(n != 0){
        arr[i] = n;
        cout << "Introduce el siguiente: " << endl;
        cin >> n;
        i++;
    }

    int mayor = arr[0];
    for(int j = 0; j < 9; j++){
        if(arr[j] > mayor){
            mayor = arr[j];
        }
    }

    cout << "El mayor es: " << mayor << endl;
    return 0;
}
```

EJERCICIO 18

Java

```java
public class Main {

    public static void main(String[] args) {

        System.out.println("Introduce 10 numeros, pero si introduces un 0 no podras meter mas: ");
        Scanner sc = new Scanner(System.in);
        int n = sc.nextInt();
        int[]arr = new int[10];
        int i = 0;

        while(n != 0) {
            arr[i] = n;
            System.out.println("Introduce el siguiente: ");
            n = sc.nextInt();
            i++;
        }

        int sum = 0;
        for (int j = 0; j < arr.length; j++) {
            sum += arr[j];
        }

        System.out.println("La suma total es: " + sum);
```

C++

```cpp
#include <iostream>
#include <string.h>
#include <math.h>

using namespace std;

int main(){
    cout << "Introduce hasta 10 números, pero si metes un 0 se acabará el introducir: " << endl;
    int n;
    cin >> n;
    int arr[10] = {0,0,0,0,0,0,0,0,0,0};
    int i = 0;

    while(n != 0){
        arr[i] = n;
        cout << "Introduce el siguiente: " << endl;
        cin >> n;
        i++;
    }

    int sum = 0;
    for(int j = 0; j < 9; j++){
        sum += arr[j];
    }

    cout << "La suma total es: " << sum << endl;
    return 0;
}
```

EJERCICIO 19

Java

```java
public static void main(String[] args) {

    String[] nombres = new String[8];
    Scanner sc = new Scanner(System.in);

    for (int i = 0; i < nombres.length; i++) {
        System.out.println("Introduce el nombre del equipo numero " + (i + 1));
        nombres[i] = sc.nextLine();
    }

    int cont = 0;
    int[] ganadores1 = new int[4];
    int pos = 0;
    System.out.println("Primera ronda");
    while(cont < 7) {
        System.out.println("1. " + nombres[cont] + " - 2. " + nombres[cont + 1] + ": ");
        int opcion = sc.nextInt();
        if(opcion == 1) ganadores1[pos] = cont;
        else ganadores1[pos] = cont + 1;

        cont += 2;
        pos++;
    }

    cont = 0;
    pos = 0;
    int[] ganadores2 = new int[2];
    System.out.println("Segunda ronda");
    while(cont < 3) {
        System.out.println("1. " + nombres[ganadores1[cont]] + " - 2. " + nombres[ganadores1[cont + 1]] + ": ");
        int opcion = sc.nextInt();
        if(opcion == 1) ganadores2[pos] = ganadores1[cont];
        else ganadores2[pos] = ganadores1[cont + 1];

        cont += 2;
        pos++;
    }

    System.out.println("Tercera ronda");
    System.out.println("1. " + nombres[ganadores2[0]] + " - 2. " + nombres[ganadores2[1]] + ": ");
    int opcion = sc.nextInt();
    int ganador;
    if(opcion == 1) ganador = ganadores2[0];
    else ganador = ganadores2[1];

    System.out.println("Finalmente el ganador es: " + "!" + nombres[ganador] + "!");
```

C++

```cpp
#include <iostream>
#include <string.h>
#include <math.h>

using namespace std;

int main(){
    string nombres[8];

    for (int i = 0; i < 8; i++) {
        cout << "Introduce el nombre del equipo numero: " << (i + 1)<< endl;
        getline(std::cin, nombres[i]);
    }

    int cont = 0;
    int ganadores1[4];
    int pos = 0;
    cout << "Primera ronda" << endl;
    while(cont < 7){
        cout << "1. " << nombres[cont] << " - 2. " << nombres[cont+1] << ": " << endl;
        int opcion;
        cin >> opcion;
        if(opcion == 1) ganadores1[pos] = cont;
        else ganadores1[pos] = cont + 1;

        cont += 2;
        pos++;
    }

    cont = 0;
    pos = 0;
    int ganadores2[2];
    cout << "Segunda ronda" << endl;
    while(cont < 3){
        cout << "1. " << nombres[ganadores1[cont]] << " - 2. " << nombres[ganadores1[cont+1]] << ":
        int opcion;
        cin >> opcion;
        if(opcion == 1) ganadores2[pos] = ganadores1[cont];
        else ganadores2[pos] = ganadores1[cont + 1];

        cont += 2;
        pos++;
    }

    cout << "Tercera ronda" << endl;
    cout << "1. " << nombres[ganadores2[0]] << " - 2. " << nombres[ganadores2[1]] << ": " << endl;
    int opcion;
    cin >> opcion;
    int ganador;
    if(opcion == 1) ganador = ganadores2[0];
    else ganador = ganadores2[1];

    cout << "Finalmente el ganador es: " << "!" << nombres[ganador] << "!";

    return 0;
}
```

EJERCICIO 20

Java

```java
public static void tablaDel(int n) {
    for(int i = 0; i <= 10; i++) {
        System.out.println(n + " x " + i + " = " + (n * i));
    }
}
```

C++

```cpp
void tablaDel(int n){
    for(int i = 0; i <= 10; i++){
        cout << n << " x " << i << " = " << (n*i) << endl;
    }
}
```

EJERCICIO 21

Java

```java
public static boolean esPos(int n) {
    if(n >= 0) {
        return true;
    }else {
        return false;
    }
}

public static void posOneg(int n) {
    if(esPos(n)) {
        System.out.println("Es positivo");
    }else {
        System.out.println("Es negativo");
    }
}
```

C++

```cpp
bool esPos(int n){
    if(n >= 0){
        return true;
    }else{
        return false;
    }
}

void posOneg(int n){
    if(esPos(n)){
        cout << "Es positivo";
    }else{
        cout << "Es negativo";
    }
}
```

EJERCICIO 22

Java

```java
public class Main {

    public static void main(String[] args) {
        Scanner sc = new Scanner(System.in);
        String s = sc.nextLine();

        while(!s.equals("Salir")) {
            repetidor(s);
            s = sc.nextLine();
        }
    }

    public static void repetidor(String s) {
        System.out.println(s + "(IA)");
    }
}
```

C++

```cpp
#include <iostream>
#include <string.h>
#include <math.h>

using namespace std;

void repetidor(string s){
    cout << s << " (IA)" << endl;
}

int main(){
    string s;
    getline(std::cin, s);

    while(s != "salir"){
        repetidor(s);
        getline(std::cin, s);
    }
    return 0;
}
```

EJERCICIO 23

Java

```java
int[][] ESO = new int[4][3];

Scanner sc = new Scanner(System.in);
int opcion = 0;

while(opcion != 4) {
    System.out.println("(1) Anadir alumno");
    System.out.println("(2) Eliminar alumno");
    System.out.println("(3) Alumnos en clase");
    System.out.println("(4) Salir");

    opcion = sc.nextInt();
    switch(opcion) {
    case 1 : System.out.println("Primero elige el curso: ");
            int anadirCurso = sc.nextInt();
            System.out.println("Ahora la clase (A = 1, B = 2, C = 3)");
            int anadirClase = sc.nextInt();
            ESO[anadirCurso][anadirClase]++;
        break;
    case 2 : System.out.println("Primero elige el curso: ");
            int eliminarCurso = sc.nextInt();
            System.out.println("Ahora la clase (A = 1, B = 2, C = 3)");
            int eliminarClase = sc.nextInt();
            if(ESO[eliminarCurso][eliminarClase] > 0) {
                ESO[eliminarCurso][eliminarClase]--;
            }
        break;
    case 3 : System.out.println("Primero elige el curso: ");
            int infoCurso = sc.nextInt();
            System.out.println("Ahora la clase (A = 1, B = 2, C = 3)");
            int infoClase = sc.nextInt();
            System.out.println(ESO[infoCurso][infoClase] + " alumnos");
        break;
    case 4 : System.out.println("Saliendo del sistema");
        break;
    default : System.out.println("Opcion no valida");
    }
}
```

C++

```cpp
#include <iostream>
#include <string.h>
#include <math.h>

using namespace std;

void repetidor(string s){
    cout << s << " (IA)" << endl;
}

int main(){
    int ESO [4][3] = {{0,0,0}, {0,0,0}, {0,0,0}, {0,0,0}};

    int opcion = 0;

    while(opcion != 4){
        cout << "1) Añadir alumno" << endl;
        cout << "2) Eliminar alumno" << endl;
        cout << "3) Alumnos en clase" << endl;
        cout << "4) Salir" << endl;

        cin >> opcion;
        switch(opcion){
            case 1 : cout << "Primero elige el curso: " << endl;
                    int anadirCurso;
                    cin >> anadirCurso;
                    cout << "Ahora la clase (A = 1, B = 2, C = 3): " << endl;
                    int anadirClase;
                    cin >> anadirClase;
                    ESO[anadirCurso][anadirClase]++;
                break;
            case 2 : cout << "Primero elige el curso: " << endl;
                    int eliminarCurso;
                    cin >> eliminarCurso;
                    cout << "Ahora la clase (A = 1, B = 2, C = 3): " << endl;
                    int eliminarClase;
                    cin >> eliminarClase;
                    if(ESO[eliminarCurso][eliminarClase] > 0){
                        ESO[eliminarCurso][eliminarClase]--;
                    }else{
                        cout << "No se pueden eliminar más alumnos porque hay cero" <<
                    }
                break;
            case 3 : cout << "Primero elige el curso: " << endl;
                    int infoCurso;
                    cin >> infoCurso;
                    cout << "Ahora la clase (A = 1, B = 2, C = 3): " << endl;
                    int infoClase;
                    cin >> infoClase;
                    cout << ESO[infoCurso][infoClase] << " Alumnos" << endl;
                break;
            case 4 : cout << "Saliendo del sistema..." << endl;
                break;
            default : cout << "Opción no válida..." << endl;
        }
    }
    return 0;
}
```

EJERCICIO 24

C++

```cpp
using namespace std;

void anadirLibro(int , string , string , int);
void listaLibrosBiblio(int );
void modificarLibro(int , string , string);
void librosMasCienPags(int);
void listaLibrosPrest(int);
void prestarLibro(int , string , int , int , int);

struct Director{
    string nombre;
    string apellido;
    string dni;
};

struct Fecha{
    int dia = 0;
    int mes = 0;
    int anio = 0;
};

struct Libro{
    string nombre = "";
    string nombreAutor = "";
    int paginas = 0;
    Fecha fechaPrestado;
};

struct Biblioteca{
    string nombre = "";
    string direccion = "";
    int numDireccion = 0;
    Director director;
    Libro libros[100] = {};
    int contLibros = 0;
};

Biblioteca bib1, bib2, bib3;

int main(){
    int opcion = 0;

    while(opcion != 7){
        cout << "1) Añadir libro a biblioteca" << endl;
        cout << "2) Lista de nombres de libros de una biblioteca" << endl;
        cout << "3) Modificar nombre de un libro" << endl;
        cout << "4) Mostrar nombres de libros con más de 100 paginas" << endl;
        cout << "5) Mostrar libros en prestamo" << endl;
        cout << "6) Prestar un libro" << endl;
        cout << "7) Salir" << endl;

        cin >> opcion;
        switch(opcion){
```

```
case 1 : {cout << "Numero de la biblioteca: " << endl;
         int numBibAnadir;
         cin >> numBibAnadir;
         cin.ignore();
         cout << "Nombre del libro: " << endl;
         string nombLibrAnadir;
         getline(std::cin, nombLibrAnadir);
         cout << "Nombre del autor: " << endl;
         string nombAutor;
         getline(std::cin, nombAutor);
         cout << "Numero de paginas: " << endl;
         int numPags;
         cin >> numPags;
         cin.ignore();
         anadirLibro(numBibAnadir, nombLibrAnadir, nombAutor, numPags);}
    break;

case 2 : {cout << "Numero de la biblioteca: " << endl;
         int numBibLista;
         cin >> numBibLista;
         cin.ignore();
         listaLibrosBiblio(numBibLista);}
    break;

case 3 : {cout << "Numero de la biblioteca: " << endl;
         int numBibMod;
         cin >> numBibMod;
         cin.ignore();
         cout << "Nombre del libro: " << endl;
         string nombLibrMod;
         getline(std::cin, nombLibrMod);
         cout << "Nuevo nombre del libro: " << endl;
         string nuevNombLibrMod;
         getline(std::cin, nuevNombLibrMod);
         modificarLibro(numBibMod, nombLibrMod, nuevNombLibrMod);}
    break;

case 4 : {cout << "Numero de la biblioteca: " << endl;
         int numBibCienPags;
         cin >> numBibCienPags;
         cin.ignore();
         librosMasCienPags(numBibCienPags);}
    break;

case 5 : {cout << "Numero de la biblioteca: " << endl;
         int numBibPrest;
         cin >> numBibPrest;
         cin.ignore();
         listaLibrosPrest(numBibPrest);}
    break;

case 6 : {cout << "Numero de la biblioteca: " << endl;
         int numBibHacerPrest;
         cin >> numBibHacerPrest;
         cin.ignore();
         cout << "Nombre del libro: " << endl;
         string nombLibrHacerPrest;
         getline(std::cin, nombLibrHacerPrest);
         cout << "Dia: " << endl;
         int dia;
         cin >> dia;
```

```
                    cin.ignore();
                    cout << "Mes: " << endl;
                    int mes;
                    cin >> mes;
                    cin.ignore();
                    cout << "Anio: " << endl;
                    int anio;
                    cin >> anio;
                    cin.ignore();
                    prestarLibro(numBibHacerPrest, nombLibrHacerPrest, dia, mes, anio);}
            break;

        case 7 : cout << "Saliendo...";
            break;

        default : cout << "Opcion no valida...";
        }
    }
    return 0;
}
```

Ahora las funciones que he usado

```
void anadirLibro(int biblio, string nombLibro, string nombAutor, int paginas){
    if(biblio == 0){
        Libro l;
        l.nombre = nombLibro;
        l.nombreAutor = nombAutor;
        l.paginas = paginas;
        bib1.libros[bib1.contLibros] = l;
        bib1.contLibros++;
    }else if(biblio == 1){
        Libro l;
        l.nombre = nombLibro;
        l.nombreAutor = nombAutor;
        l.paginas = paginas;
        bib2.libros[bib2.contLibros] = l;
        bib2.contLibros++;
    }else if(biblio == 2){
        Libro l;
        l.nombre = nombLibro;
        l.nombreAutor = nombAutor;
        l.paginas = paginas;
        bib3.libros[bib3.contLibros] = l;
        bib3.contLibros++;
    }else{
        cout << "Numero de biblioteca incorrecto..." << endl;
    }
}
```

```cpp
void listaLibrosBiblio(int biblio){
    if(biblio == 0){
        for(int i = 0; i < bib1.contLibros; i++){
            cout << "Nombre: " << bib1.libros[i].nombre << ", Autor: " << bib1.libros[i].nombreAutor
                << ", Numero de paginas: " << bib1.libros[i].paginas << endl;
        }
    }else if(biblio == 1){
        for(int i = 0; i < bib2.contLibros; i++){
            cout << "Nombre: " << bib2.libros[i].nombre << ", Autor: " << bib2.libros[i].nombreAutor
                << ", Numero de paginas: " << bib2.libros[i].paginas << endl;
        }
    }else if(biblio == 2){
        for(int i = 0; i < bib3.contLibros; i++){
            cout << "Nombre: " << bib3.libros[i].nombre << ", Autor: " << bib3.libros[i].nombreAutor
                << ", Numero de paginas: " << bib3.libros[i].paginas << endl;
        }
    }else{
        cout << "Numero de biblioteca incorrecto..." << endl;
    }
}

void modificarLibro(int biblio, string nomb, string nuevonomb){
    if(biblio == 0){
        for(int i = 0; i < bib1.contLibros; i++){
            if(bib1.libros[i].nombre == nomb){
                bib1.libros[i].nombre = nuevonomb;
                break;
            }
        }
    }else if(biblio == 1){
        for(int i = 0; i < bib1.contLibros; i++){
            if(bib2.libros[i].nombre == nomb){
                bib2.libros[i].nombre = nuevonomb;
                break;
            }
        }
    }else if(biblio == 2){
        for(int i = 0; i < bib1.contLibros; i++){
            if(bib3.libros[i].nombre == nomb){
                bib3.libros[i].nombre = nuevonomb;
                break;
            }
        }
    }else{
        cout << "Numero de biblioteca incorrecto..." << endl;
    }
}

void librosMasCienPags(int biblio){
    if(biblio == 0){
        for(int i = 0; i < bib1.contLibros; i++){
            if(bib1.libros[i].paginas > 100){
                cout << bib1.libros[i].nombre << " tiene mas de 100 pags" << endl;
            }
        }
    }else if(biblio == 1){
        for(int i = 0; i < bib1.contLibros; i++){
            if(bib2.libros[i].paginas > 100){
                cout << bib2.libros[i].nombre << " tiene mas de 100 pags" << endl;
            }
        }
    }else if(biblio == 2){
        for(int i = 0; i < bib1.contLibros; i++){
            if(bib3.libros[i].paginas > 100){
                cout << bib3.libros[i].nombre << " tiene mas de 100 pags" << endl;
            }
        }
    }else{
        cout << "Numero de biblioteca incorrecto..." << endl;
    }
}
```

```cpp
void listaLibrosPrest(int biblio){
    if(biblio == 0){
        for(int i = 0; i < bib1.contLibros; i++){
            if(bib1.libros[i].fechaPrestado.dia != 0 && bib1.libros[i].fechaPrestado.mes != 0 &&
               bib1.libros[i].fechaPrestado.anio != 0){
                cout << bib1.libros[i].nombre << " esta en prestamo" << endl;
            }
        }
    }else if(biblio == 1){
        for(int i = 0; i < bib1.contLibros; i++){
            if(bib2.libros[i].fechaPrestado.dia != 0 && bib2.libros[i].fechaPrestado.mes != 0 &&
               bib2.libros[i].fechaPrestado.anio != 0){
                cout << bib2.libros[i].nombre << " esta en prestamo" << endl;
            }
        }
    }else if(biblio == 2){
        for(int i = 0; i < bib1.contLibros; i++){
            if(bib3.libros[i].fechaPrestado.dia != 0 && bib3.libros[i].fechaPrestado.mes != 0 &&
               bib3.libros[i].fechaPrestado.anio != 0){
                cout << bib3.libros[i].nombre << " esta en prestamo" << endl;
            }
        }
    }else{
        cout << "Numero de biblioteca incorrecto..." << endl;
    }
}


void prestarLibro(int biblio, string nomb, int fechDia, int fechMes, int fechAnio){
    if(biblio == 0){
        for(int i = 0; i < bib1.contLibros; i++){
            if(bib1.libros[i].nombre == nomb){
                bib1.libros[i].fechaPrestado.dia = fechDia;
                bib1.libros[i].fechaPrestado.mes = fechMes;
                bib1.libros[i].fechaPrestado.anio = fechAnio;
                break;
            }
        }
    }else if(biblio == 1){
        for(int i = 0; i < bib1.contLibros; i++){
            if(bib2.libros[i].nombre == nomb){
                bib2.libros[i].fechaPrestado.dia = fechDia;
                bib2.libros[i].fechaPrestado.mes = fechMes;
                bib2.libros[i].fechaPrestado.anio = fechAnio;
                break;
            }
        }
    }else if(biblio == 2){
        for(int i = 0; i < bib1.contLibros; i++){
            if(bib3.libros[i].nombre == nomb){
                bib3.libros[i].fechaPrestado.dia = fechDia;
                bib3.libros[i].fechaPrestado.mes = fechMes;
                bib3.libros[i].fechaPrestado.anio = fechAnio;
                break;
            }
        }
    }else{
        cout << "Numero de biblioteca incorrecto..." << endl;
    }
}
```

Tabla ASCII

CHAR	DEC	HEX	CHAR	DEC	HEX	CHAR	DEC	HEX	CHAR	DEC	HEX
[NUL]	0	00		32	20	@	64	40	`	96	60
[SOH]	1	01	!	33	21	A	65	41	a	97	61
[STX]	2	02	"	34	22	B	66	42	b	98	62
[ETX]	3	03	#	35	23	C	67	43	c	99	63
[EOT]	4	04	$	36	24	D	68	44	d	100	64
[ENQ]	5	05	%	37	25	E	69	45	e	101	65
[ACK]	6	06	&	38	26	F	70	46	f	102	66
[BEL]	7	07	'	39	27	G	71	47	g	103	67
[BS]	8	08	(	40	28	H	72	48	h	104	68
[HT]	9	09	)	41	29	I	73	49	i	105	69
[LF]	10	0A	*	42	2A	J	74	4A	j	106	6A
[VT]	11	0B	+	43	2B	K	75	4B	k	107	6B
[FF]	12	0C	,	44	2C	L	76	4C	l	108	6C
[CR]	13	0D	-	45	2D	M	77	4D	m	109	6D
[SO]	14	0E	.	46	2E	N	78	4E	n	110	6E
[SI]	15	0F	/	47	2F	O	79	4F	o	111	6F
[DLE]	16	10	0	48	30	P	80	50	p	112	70
[DC1]	17	11	1	49	31	Q	81	51	q	113	71
[DC2]	18	12	2	50	32	R	82	52	r	114	72
[DC3]	19	13	3	51	33	S	83	53	s	115	73
[DC4]	20	14	4	52	34	T	84	54	t	116	74
[NAK]	21	15	5	53	35	U	85	55	u	117	75
[SYN]	22	16	6	54	36	V	86	56	v	118	76
[ETB]	23	17	7	55	37	W	87	57	w	119	77
[CAN]	24	18	8	56	38	X	88	58	x	120	78
[EM]	25	19	9	57	39	Y	89	59	y	121	79
[SUB]	26	1A	:	58	3A	Z	90	5A	z	122	7A
[ESC]	27	1B	;	59	3B	[	91	5B	{	123	7B
[FS]	28	1C	<	60	3C	\	92	5C			124	7C
[GS]	29	1D	=	61	3D	]	93	5D	}	125	7D
[RS]	30	1E	>	62	3E	^	94	5E	~	126	7E
[US]	31	1F	?	63	3F	_	95	5F	[DEL]	127	7F

CHAR	DEC	HEX	CHAR	DEC	HEX	CHAR	DEC	HEX	CHAR	DEC	HEX
€	128	80		160	A0	À	192	C0	à	224	E0
(n/a)	129	81	¡	161	A1	Á	193	C1	á	225	E1
‚	130	82	¢	162	A2	Â	194	C2	â	226	E2
ƒ	131	83	£	163	A3	Ã	195	C3	ã	227	E3
„	132	84	¤	164	A4	Ä	196	C4	ä	228	E4
…	133	85	¥	165	A5	Å	197	C5	å	229	E5
†	134	86	¦	166	A6	Æ	198	C6	æ	230	E6
‡	135	87	§	167	A7	Ç	199	C7	ç	231	E7
ˆ	136	88	¨	168	A8	È	200	C8	è	232	E8
‰	137	89	©	169	A9	É	201	C9	é	233	E9
Š	138	8A	ª	170	AA	Ê	202	CA	ê	234	EA
‹	139	8B	«	171	AB	Ë	203	CB	ë	235	EB
Œ	140	8C	¬	172	AC	Ì	204	CC	ì	236	EC
(n/a)	141	8D		173	AD	Í	205	CD	í	237	ED
Ž	142	8E	®	174	AE	Î	206	CE	î	238	EE
(n/a)	143	8F	¯	175	AF	Ï	207	CF	ï	239	EF
(n/a)	144	90	°	176	B0	Ð	208	D0	ð	240	F0
‘	145	91	±	177	B1	Ñ	209	D1	ñ	241	F1
’	146	92	²	178	B2	Ò	210	D2	ò	242	F2
“	147	93	³	179	B3	Ó	211	D3	ó	243	F3
”	148	94	´	180	B4	Ô	212	D4	ô	244	F4
•	149	95	µ	181	B5	Õ	213	D5	õ	245	F5
–	150	96	¶	182	B6	Ö	214	D6	ö	246	F6
—	151	97	·	183	B7	×	215	D7	÷	247	F7
˜	152	98	¸	184	B8	Ø	216	D8	ø	248	F8
™	153	99	¹	185	B9	Ù	217	D9	ù	249	F9
š	154	9A	º	186	BA	Ú	218	DA	ú	250	FA
›	155	9B	»	187	BB	Û	219	DB	û	251	FB
œ	156	9C	¼	188	BC	Ü	220	DC	ü	252	FC
(n/a)	157	9D	½	189	BD	Ý	221	DD	ý	253	FD
ž	158	9E	¾	190	BE	Þ	222	DE	þ	254	FE
Ÿ	159	9F	¿	191	BF	ß	223	DF	ÿ	255	FF

Con todo lo explicado hasta ahora doy por terminada esta guía. Si recapitulamos, se han explicado desde cosas tan simples como puden ser las variables, hasta cosas más complejas como los bucles, condiciones, funciones... Incluso la **POO**.

Mi consejo es que no dejéis de programar si os ha gustado, ya que si se deja se puede ir perdiendo soltura. También os recomiendo, como he hecho en varias partes de la guía, que os propongáis vosotros mismos ejercicios o problemas, o incluso algún proyecto pequeño que os desafíe y que os incite a mejorar y a investigar.

Muchas gracias por leer esta guía y espero que os haya servido de ayuda para entrar en este pequeño gran mundo que es la programación.

MATERIAL ADICIONAL

El material adicional de este libro puede descargarlo en nuestro portal web: *http://www.ra-ma.es*.

Debe dirigirse a la ficha correspondiente a esta obra, dentro de la ficha encontrará el enlace para poder realizar la descarga. Dicha descarga consiste en un fichero ZIP con una contraseña de este tipo: XXX-XX-XXXX-XXX-X la cual se corresponde con el ISBN de este libro.

Podrá localizar el número de ISBN en la página IV (página de créditos). Para su correcta descompresión deberá introducir los dígitos y los guiones.

Cuando descomprima el fichero obtendrá los archivos que complementan al libro para que pueda continuar con su aprendizaje.

INFORMACIÓN ADICIONAL Y GARANTÍA

- ► RA-MA EDITORIAL garantiza que estos contenidos han sido sometidos a un riguroso control de calidad.

- ► Los archivos están libres de virus, para comprobarlo se han utilizado las últimas versiones de los antivirus líderes en el mercado.

- ► RA-MA EDITORIAL no se hace responsable de cualquier pérdida, daño o costes provocados por el uso incorrecto del contenido descargable.

- ► Este material es gratuito y se distribuye como contenido complementario al libro que ha adquirido, por lo que queda terminantemente prohibida su venta o distribución.

ÍNDICE ALFABÉTICO

Made in the USA
Middletown, DE
11 February 2022

60979668R00144